「共感的学級経営」のすすめ

佐藤 秀樹

はじめに

私が中学校の校長になったのは、令和2年の4月でした。新型コロナウイルスにより、全国の学校で臨時休業の措置が取られている時でした。子どもたちへの教育が施されにくい状況であると同時に、先生たちにとっても学びの場を失う状況となりました。

対面で行われてきた研修会をはじめ、職員室での何気ない会話の時間、先輩から様々なことを学んだり相談したりできた情報交換会（飲み会）。様々な機会が奪われ、少しずつ戸惑いを感じ始めた先生方に私の経験が少しでも役に立つならと、不定期にではありますが通信のようなものを配布することにしました。その時期にあったものや学校の状況として伝えておくべきことなど、必要に応じて私の思いを文章にして先生方の机上に置いていきました。本書は、それらの通信をまとめたもので、日々の指導をより良いものにしたいと考えている先生方へ送るものです。

私たちは様々な言葉を駆使して、子どもたちの成長を支えようとしています。その言葉を、私は大きく2つに分けて考えてみました。その1つは①「自分の思いや考えを相手に伝える」言葉です。私たちの言葉の多くはこちらになると思います。そしてもう1つは②「相手の気持ちに応える**ための意図的な」言葉**です。相手の言葉や表情から、相手が嬉しくなる言葉や期待している言葉、場合によってはわざと相手を嫌な気持ちにさせる言葉もあるでしょう。相手の心に応えるように意識して発する言葉が2つめの言葉です。私たち教師は、この②の言葉をどのくらい使っているかが大切です。生徒や保護者が、今何を期待しながら頼ってきているのかを考えれば、安易に自分の考えや経験を語って納得させようとしてはダメだと気付くはずです。教えるのが仕事の私たちは、つい自分の考えを語ってしまいます。しかし、生徒や保護者から受け入れられる先生は、当たり前のように相手が心地よくなる言葉を使っています。相手に対する「共感」を伝えているのです。また、もちろん①の自分の考えや思いを伝える場面もありますが、そのような時も相手が「共感」してくれる話や言葉を使って理解を得ようとしているのです。

つまり、意識的に②の言葉を多く使って「共感」を伝えるとともに、①の言葉は相手が「共感」できるように伝えることで、人間関係づくりは良い方向に向かうと考えるのです。このことを意識しながら学級経営を行えば、ちょっとした悩みも解決するかもしれません。私はこのことを「**共感的学級経営**」という言葉で表してみました。私自身の経験を振り返ってみても、成功体験の多くにこの「共感」がありました。しかし、これって分かっていそうで分かっていないこと、やっていそうでやっていないことではないでしょうか。私の経験を知っていただくことが、先生方の振り返りや気付きにつながれば幸いです。

目次

● 教師と保護者
● 親という役割
● 我が子の教育について思うこと

第 1 章

より良い学級経営へのヒント

～ オリジナルを大切に ～

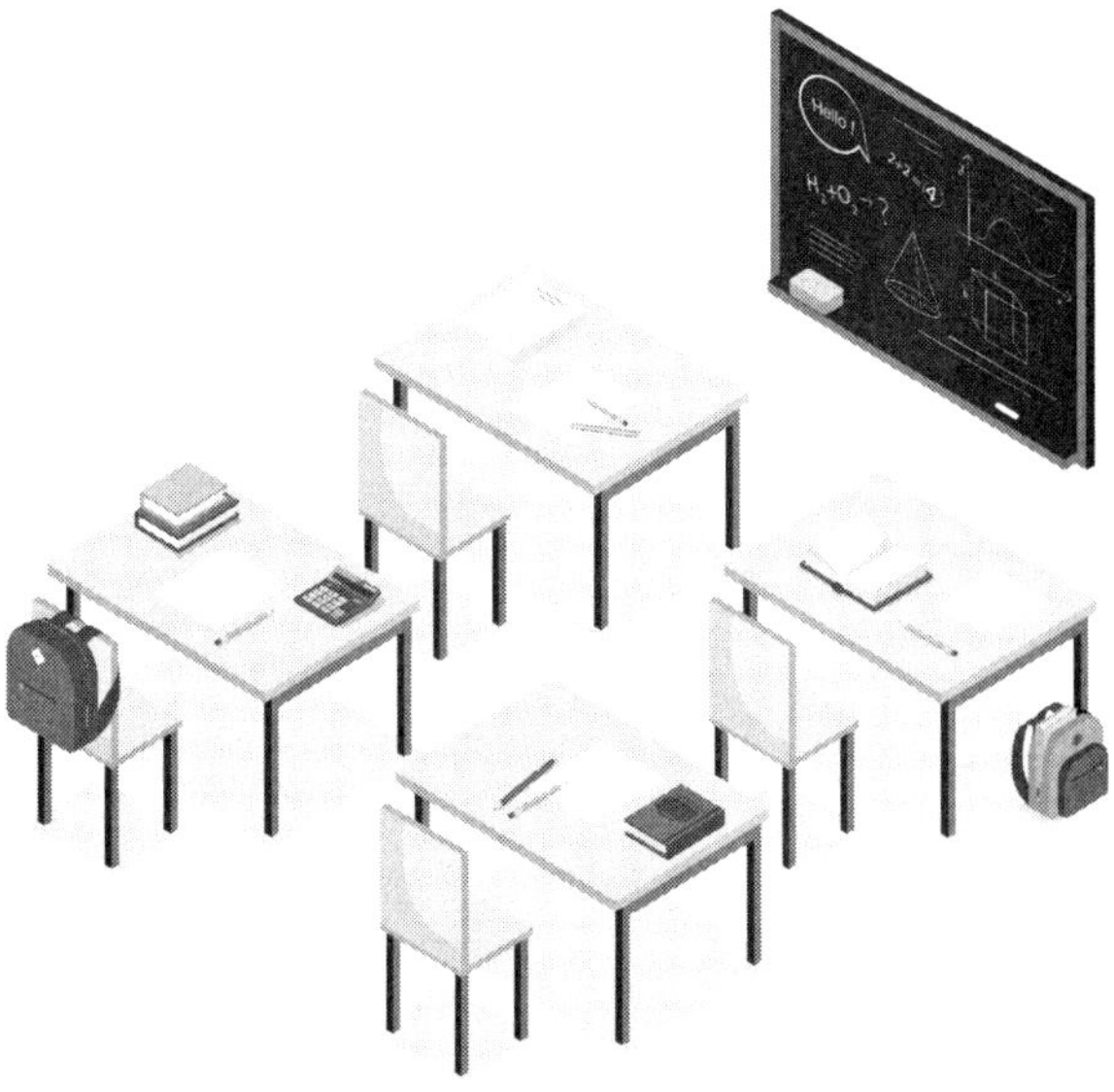

「良い学級」って

先生方が考える「良い学級」って、どんな学級ですか。私が考える「良い学級」は、

生徒が安全・安心に暮らせる学級、生徒が楽しいと思える学級、生徒の考えが大切にされる学級、生徒が自己実現に近づける学級…

等々でしょうか。それはいずれも主語が「生徒」であり、その前には「全ての」がつきます。そのために、教師として何ができるのか、それを学び、考え、実践していく、それが私たちの当たり前だと考えています。

自分の学級に自信がもてない先生や、思い通りにならずに悩んでいる先生もおられると思います。そんな先生方、「良い学級」の主語がいつ間にか「私」になっていませんか？　私の言うことを聞いてくれないこと、私の理想通りの姿にならないこと、当たり前のことすら分からない生徒を理解できないこと。「多様性の時代」「一人一人の個性を大事に」と言いながら、「～べきであ

る」という考え方から離れられず、自分の思い通りにならない生徒、邪魔をする生徒を「困った子」として悪者にしてしまう。この考え方が頭から離れない限り、その悩みを抱え続けてしまうのではないでしょうか。

教師として「良い学級」をつくるためには、一人一人の生徒とつながっていかなければなりません。そのためにはまず、自分自身が生徒に信頼されることが大切です。私がこの後に示す事例の多くは、そのためのヒントとして職員向けの通信に自分の経験を書いたものです。目の前にいる生徒のために何ができるのか。いろんなことをがんばったつもりでも相手は人間です。簡単に、自分の都合よく動いてくれるはずがありません。生徒に自分のことを認めてもらうために何をしてきたのか、思い返してみてください。そして、「失敗は自分の成長につながる」ということを知っておくことも大切なことです。何が足りなかったのか、どうすれば良かったのか、一つ一つ確認していけば、必ず次に生かされるわけですから。

「がんばった」という過程を評価するのは、本人ではなくまわりの人たちです。自分がこだわるべきは結果。結果を出すために何ができるか。試行錯誤して挑戦し続けることが大切。

これは、私が生徒に伝えていたことです。私たちも同じです。まさしくこれからの社会に求められる資質・能力ではありませんか。教室は生徒のためにあるのです。私たち教師は、主役である彼らのために何ができるのか、簡単に答えの出ない課題に挑戦しようではありませんか。生徒が言うことを聞く学級、従順な学級が「良い学級」ではありません。生徒が通いたくなる、自分たちを自慢できる学級を目指してがんばりましょう。

出会いの季節

学校にとって4月は新しい年の始まりです。新しい仲間との出会いの季節になりました。いくつになっても、新しい環境にはドキドキします。この学校に赴任してきた際には、多くの先生方から温かい声をかけていただき、忙しい日々を乗り越えることができました。

私は、小学校に入学した時、同じ保育所から通う友達もいましたが、同じ保育所から別の保育所に移り、小学校でまた一緒になった子から声をかけられ、私の一番の幼なじみになりました。彼とは、中・高・予備校まで一緒で、大学は別でしたが、彼が東京の大学から帰ってくる時はいつも空港まで迎えに行く、そんな仲でした。

高校に進学した時、私の学級には同じ中学校の友達が一人もいませんでした。しかし、隣に座った子が同じ野球部で、その周辺にはその子の友達が数人いて、彼らから声をかけられ仲良くなりました。私は、新しい環境の中で、自分から積極的に声をかけられるタイプではありません。集団の中に一人でいることもしばしばありました。ですから、この時は本当にありがたかったです。

教師になっても、新しい学級をもち、新しい生徒と出会う時は、やはりドキドキしました。自分自身と子どもたちとの良好な関係をスムーズにつくれるのか心配でした。しかし、今冷静に考えると、私は自分と子どもたちの関係づくりばかりを考え、一番大切な子どもたちどうしの関係づくりをやっていませんでした。子どもたちにとっては、先生との出会いよりも新しい友達との出会いが一番心配なのに、そこに気がまわっていないとは最大の失敗です。自分の経験は棚に上げて、「子どもどうしは、自然に仲良くなるだろう」「仲良くなれないようではダメだ」と考えてしまっていたのかもしれません。

「春は出会いの季節です」と聞けばポジティブなイメージがしますが、実は大きなストレスを抱えてしまう子もたくさんいるでしょう。乗り越えるのが辛い子もいるでしょう。それを「弱さ」と捉えるのは簡単ですが、乗り越えられない子を見つけて、しっかりとサポートするのが私たちの大切な仕事です。「自分と生徒の間でいい関係が築けるようにするための努力」と同じくらいのエネルギーを使って、「生徒どうしのいい関係」が築けるように何をしますか。それを考えて挑戦することは、教師としての力量を高める大きな訓練になると思います。ちなみに今の私なら、指導主事時代の経験を生かして「構成的グループエンカウンター」を取り入れるかな、と思います。きちんとやってみると、大きな効果があると思いますよ。

「共感」の姿勢で集団づくりをスムーズに

先生と生徒の関係は、「教える者と教わる者」、「指導する者と指導される者」といった関係だろうと思います。そして、「先生が上で生徒が下」、「生徒が先生の言うことを聞くのは当たり前」と思っている先生も多くいると思います。一見、当たり前のように感じますし、信じて疑わない人もいるでしょう。しかし、生徒はそう思っているでしょうか。もしかしたら多くの生徒がそう思っているかもしれません。理由を考えることもせず。ただ一定程度、そのことに疑問を感じ、反抗したり無視したりして教師を困らせる生徒もいます。そんな生徒を教師は「困った子」として扱い、適切な人間関係を築くことができずにいることがあります。また、そんな子に出会って自分の指導力のなさに自信を失ったり、学級にそんな子が増えて自分の力ではどうしようもなくなったりする人もいます。そして、そんな「困った子」たちを悪者にして、自分を正当化することもよくあると思います。

この「困った子」、果たして本当に悪者でしょうか。例えば自分が子どもの頃、どの先生のことも好きだったでしょうか。どの先生の言うことも聞くのが当たり前で、どんなことにも従っていたでしょうか。先生の方が偉くて自分の方が愚かだと思っていたでしょうか。「Ｙｅｓ」の人もいるかもしれませんが、おそらく多くの先生が「Ｎｏ」だと思います。私は「Ｎｏ」です。私は、理不尽なことを言う先生や約束を破る先生が嫌いでした。ただ反抗はしません。心の中で軽蔑していただけです。私は先生にとっては「優等生」です。幸い耐えられなくなるくらい嫌になる経験をすることがなかったので、平静を装って生活できました。しかし、中には先生から受けた理不尽な指導や言葉、納得いかなかった経験から、辛い思いが心から溢れ出し態度に表れる生徒もいます。そんな生徒に共感できる方、いませんか。

先生と生徒は「立場」として「教える者と教わる者」、「指導する者と指導される者」ではありますが、だからといって「先生の方が上」であり「言うことを聞くのは当たり前」である、というわけではないと思います。そして、「立場」としての「教える者と教わる者」、「指導するものと指導される者」という関係でさえ「当たり前」ではないと思うのです。「この人から教わりたい」「この人なら指導を受けて納得できる」というつながりができて初めて、この関係が成立すると思います。よく分からない先生からいきなり指導されたとき、多くの生徒は「は?」とか「え?」とは思っても、「すみませんでした」とは思えません。不信感が増すだけです。ですから、「私は教師。目の前にいる生徒は私の言うことを聞くのは当たり前。聞かない生徒は困った子。」と思っている段階で、学級担任や教科担任としてうまくいかないのです。昔は、ある程度、力で押さえつけることが許されていましたから、生徒は強面の先生や体格のいい先生、強そうな先生の言うことは聞いていました。その典型が部活動でしょう。顧問は生徒を選手として使うかどうかという権限をもち、強い言葉で言うことを聞かせます。指導が通らない生徒に「顧問の先生に言うよ」と脅しを使うこともありました。しかし、現在ではそれも通用しなくなってきました。力による不適切な指導ではなく、教師と生徒が適切な関係を築き、「尊敬できる存在」として関わることが求められるのです。過去の成功体験から、いまだに力による指導を続ける人もいますが、いずれ限界がくると思います。

では、どうすれば生徒との適切な関係を築くことができるでしょうか。私は経験上、その最大の手立ては「共感（正確には『共感的理解』の場合の方が多いですが、ここではまとめて『共感』という言葉を使います）」を基本とした対応だと思っています。

カウンセリング等の研修の導入でよく「①相手の目を見ずに知らん顔で話を聞く、②相手の目を見てうなずきながら話を聴く」といったソーシャルスキルトレーニングに近い体験をさせることがあります。相手のことを受容し、時に共感的な応答をしながら相手の話を聞くことで、話す側が心地よく話すことができるという体験をさせるものです。私は、これは逆の立場でも同じだと考えます。つまり話す側が共感できる話を心がければ、聞く側はその内容に納得できるということです。お笑い芸人のネタなどで「あるある」の話が受け入れられるのもそうでしょうし、生徒も「そうそう」「分かる―」と思える話をした時は目の色が違います。そして何よりも、生徒が共感できる話をする先生は、「生徒の心を分かってくれる」先生として受け入れてもらいやすいということが大きいと思います。どの学校にも、そんなお話が得意で学級経営や生徒指導の上手な先生がいると思います。そんな先生は生徒からしっかりと受け入れられ、いい関係を築くことができているのです。

生徒からの信頼を得るためには、「がんばりをしっかりと認め、褒めてくれること」、「間違ったときには毅然とした態度で指導できること」、「困っている生徒を絶対に守ることができること」

とともに、「『私たちのことを分かってくれている』と感じさせること」がとても重要なのです。そのために、生徒が話をしてきたときには簡単にあしらったり、何かをしながらついでに聞いたりするのではなく、「〜な気持ちだったんだね」と生徒の心を受け止めてあげること。集団に話すときでも個人を諭すときでも、何かを伝えるときは生徒が共感できる話を中心にして、「あなたはこんな気持ちだったんだよね。」という部分を大切にしながら話すこと。そんなことを続けていくと生徒との距離は確実に縮まっていくし、生徒からの信頼も厚くなると思います。日頃から、生徒が「そうだよね」と思える話をどのくらいしているか、これが大切なのです。そんな話が苦手な方は、まず「自己開示」してみてはどうでしょうか。自分の今の悩みでもいいですが、中学生の頃の悩みやよく考えたことを話してみると、思いのほか共感してくれる生徒がいるものです。自分の中にあった当時の疑問を、整理してみましょう。

環境を整える

新しい職場に来て最初に買う物は、床掃除用のモップと小型のホコリ取り（柄が延びるタイプ）、ウエットティッシュ、そして大量のメラミンスポンジです。職場がひどく汚れているから、というわけではありません。ある頃から職場はきれいにあるべきだと思うようになったからで、その頃からの必需品なのです。

子どもたちが落ち着かない学級は、ほぼ間違いなく教室が美しく保たれていません。掃除が徹底しないのでゴミが普通に落ち、落書き、壊れ、破れた掲示物。中学校の学級担任は、自分の学級に朝、昼、帰り、自分の授業中くらいしか行きません。ですから、多少の汚れや壊れを気にせずに、そのままにしてしまうことがあります。またそれは、先生の性格によるところも大きいでしょうか。

しかし、子どもたちはほぼ一日中、その環境で生活しています。落書きがあっても、どこか壊れていても、それが当たり前という環境で生活していては、自分や他人、教室を大切にする心は養われないと思うのです。ですから、私は教室を大切にすることを第一に伝えるようになりました。

私は「お掃除おじさん」のように、いつも掃除をしていました。空き時間は、廊下をモップで掃除しながらいろいろな教室を見て回ります。授業中も作業をさせているときは、ホコリを取りながら生徒の間を歩きます。帰りは、ゴミを拾って、机をきれいに並べてから戸締りをします。また、きれいにするために必要なものはすぐに買ってきました。教室には大量のキッチンペーパーや三角コーナーのネット、いろいろなところを磨くスポンジ。手洗い場を掃除する子には、「ゴミがほとんど入ってなくても、毎日ネットは取り替えてね」と伝えました。

ただ、私は自身のこの作業を生徒に強要することはしませんでした。あくまでも、なぜ先生はここまでするのか、自分はどういう思いでここで過ごさなければならないのかを考えさせることが目的でしたから。笑顔でこれを続けていると、必ず生徒は教室を、学校を大切にできるようになります。いつの間にか、私以上にきれいにしようとする子が増え、トイレも手洗い場も本当にきれいに使ってくれます。1年生の頃は壁に落書きをし、ロッカーを壊し、暴れてガラスを何枚も割った子たちが、そんな風に変わっていきます。毎日過ごす場所だからこそ、毎日来たくなる、住みやすい環境に整えていくことが大切なのです。

学級のルール　嫌いを移さない

新しく学級をもった時、自分の学級で大切にしたいことや、みんなで守るルールを決めると思います。私も自分の学級独自の約束をしていました。年度初めにいくつかの約束を決め、みんなで確認しておくことは、生徒も教師も安心して過ごすことができるための基本です。個々の思い（特に自己中心的な解釈等）よりも上位にあるものとして意識させることで、「集団生活で大切なものを学んでいるんだ」という気持ちにさせることができます。

しかし、既に約束を決めずにスタートした先生、必要な約束を増やす必要がある先生もいるでしょう。そんな先生も、途中から決めたって大丈夫です。約束が必要となるトラブルや事案が起こって、それについてどう思うかを学級で考えさせ、それらをまとめる形で「みんなが安心して過ごせるための約束」として確認していけばいいのです。生徒が納得できる理由とともに新しい約束を決めてみましょう。では、私の決めた約束を紹介します。

集団で生活していると必ず、好きな人、嫌いな人、どちらでもない人ができてきます。ですからあらかじめ、「嫌いな人のことを好きになる必要はないけれど、『嫌い』をほかの人に移さないで」と話しました。自分が嫌いな人のことを隣の友達は嫌いではないかもしれない。それなのに、わざわざ嫌いにさせる必要はないよ、ということです。その際使った例は、「みんなはほとんどの先生のことを好きでも嫌いでもないよね。好き嫌いの対象とも思ってない。そんな時に友達から『〇〇先生嫌いよね。…』と話をされると、『みんなは〇〇先生のこと嫌いなんだ。嫌な先生なんだろうな。自分もそう言わないとまずいな』って理由もないのに嫌いな存在になっちゃう。それが広がると、いつの間にか生徒だけじゃなくて保護者からも『嫌な先生』ってレッテルを貼られちゃう。これっておかしくない？」という話です。多くの生徒にとって共感しやすい話だと思います。友達が言うからいつの間にか自分も嫌いと思うようになった経験は多くの人にあるでしょう。そして、その後に続けたのは、「でも、『好き』とか『いいよね』って言う言葉はたくさん使おう。いろんな人の素敵なところを知ることができる学級って良くない？」「『嫌い』を移さないこと。『好き』は広げて行こう。これは学級のルールね。誰かが『嫌い』を移してたら、『嫌い』は無しよって伝え合おうね。」

実際には悪口が0になることはなかったですが、「それは言ったらダメやん」と言う声が聞かれていたのも事実です。行動に移すことは簡単ではありませんが、悪口を言わない方が良いということや、友達が嫌いと言ってもそれに合わせる必要はないということは理解してくれたように思います。ルールにしていますから悪口を聞いた時の指導も簡単で、生徒も素直に反省してくれました。

トラブルになりそうな材料を、あらかじめ先回りして押さえておくことは大切なことです。

学級のルール　「自分だけじゃない」を言わない

学級では様々なトラブルが起こります。時には他人に迷惑をかける行為や、問題行動と捉えられる行為もあります。それらの事実を知った時には、生徒が納得できるように適切に指導する力も必要です。しかし、残念ながら全ての生徒が簡単に納得してくれるわけではありません。これまで、保護者や先生から納得できる指導をしてもらえず、理不尽さだけを感じるようになった子に対する指導は極めて難しいものです。そして、そんな子がよく口にする言葉が「自分だけじゃない」です。「なぜ自分ばかり言われるんだ」という気持ちの中に「反省」は全く存在しません。また、言われた側にとっても腹立たしくなる言葉で、その後の指導時間も長くなり、不必要な時間だけが流れていきます。

ですから、私は学級の約束として「『自分だけじゃない』という言葉は絶対に許さない」ということを確認していきました。

今、この時に指導されている内容は自分自身に対するもので、他の人がどうであろうと関係ない。その言葉が出ると言うことは、わざわざ自分のために話をしてくれている人を無視し、「自分だけ指導されて損している」とか「あなたの話を聞きません」という態度を示していることになります。他の人もやっているなら、また別の機会にちゃんと指導します。あなたが知らないところで別の人が指導されていることもあります。指導されている時は自分のことをしっかりと振り返る、この態度が一番大切です。どんな内容の指導をしていたとしても、「自分だけじゃない」という言葉を聞いたら、そのことを最上級の指導対象として叱ります。

という話をします。この言葉がなぜダメなのかを伝え、後からどんな理屈をつけて文句を言ってきても、最初の約束だからと納得させることができます。指導された時に、自分事としてしっかりと向き合うことができる姿勢の価値高さを理解させる、大切な約束です。

学級でやってみたこと ①

とても騒がしいクラスを受けもった年、初めのうちは帰りの学活もなかなか成立しない状態でした。「1日の反省」という枠では、班での話合いを通して一日を振り返らせていましたが、いざ始めると関係ない話ばかり。騒がしくなるばかりでした。そこで、他のクラスとは違う形にしてみようと新しいことに挑戦することにしました。

いろいろと考えた結果、百円均一のお店で大量に千羽鶴用の折り紙を買い、一人一枚小さな折り紙に一日の振り返りを書かせ、書いたら鶴を折るようにさせました。その時の約束は「この時間だけは静かにしてお話をしないこと」。すると、思いのほかうまくいって、結構静かに取り組むようになりました。数日もすれば飽きるのかと思っていましたが、全員分の折り鶴が正しく折られているかチェックする子、どの鶴がより上手に折られているか競う子たち、たまに配られる金や銀の折り紙を奪い合う子たちなど、この時間だけは微笑ましい姿が見られるようになりました。

ただ、放課後が大変でした。毎日毎日教室で針と糸を持って、その日折られた鶴をつないでいきます。2ヶ月も経たないうちに千羽鶴ができあがり、それが一つ、二つと増えていきます。生徒には「あの鶴の数だけこのクラスでのみんなの思いがあるね」と話しながら、大切に飾っていきました。

転出する生徒がいたときには、千羽鶴の一つを持たせました。3年の入試前には教室に飾っていた鶴をそっと回収し、何日もかけて一人で全員分の小さな百羽鶴に作り直して、入試の本番直前に、生徒へわたしました。一つ一つ作っていくのは大変でしたが、子どもたちとの思い出を振り返ったり、合格できるように祈ったりする、教師として自己満足に浸ることができる幸せな時間だったと思います。きちんとした形の話合いはできない子たちでしたが、学級でのまとまりをすごく感じることができる思いやりのある集団になったと思っています。

形通りにできないときには少し角度を変えてみて、できそうなことから始める自由さも大切です。自分の学級だけで取り組むことが難しい場合は、学年主任など先輩に相談してみましょう。困っていることと、やってみる価値を伝えれば、理解を得られるはずです。

学級でやってみたこと ②

帰りの学活でやってみたことをもう一つ。とにかく自分の主張ばかりで、友達のことや先生のことを大切にできない子が多かった集団が2年生になったとき、私は学級目標として新渡戸稲造の『武士道』から「義」「勇」「仁」「礼」「誠」「名誉」の六つの言葉と意味を教室の前に掲げました（なかなか刺激的なものですが、隣の女性の先生は「義理と人情、ど根性」と掲げてましたから、どんな学年の子たちだったかご想像いただけるかと思います）。一つ一つ言葉の意味を確認し、どんなことを大切にできれば良いかを具体的な姿で丁寧に説明しました。そして、1年かけてこれらを身に付けていくことを伝えました。1日の反省をさせる際、班で今日の良かったことやできるようになったこと等を話し合わせ、その内容が六つの言葉のどれに当たるかを考えさせました。その後、各班の発表をもとにして、学級でその日最も成長したことを六つの言葉の中から一つ決めさせました。決めた言葉の横には小さなシールを貼り、毎日1枚ずつ増えていくようにしました。

1ヶ月が経つとシールの状況を確認して、シールの少ない言葉を次の月に重点的に取り組むこととしていきました。シールの状況はなかなかそんなに都合よく均等にはなりませんが、毎日の、そして毎月の振り返りの時間は意味のある時間になっていたと思います。

学級目標の具体的な姿に近づいているのか、学級の善し悪しを判断する基準はそこにあります。学級会や帰りの会の時間で、定期的に学級のゴール像を示しながら学級の状況ややるべきことを共有してみましょう。

学級でやってみたこと ③

なかなかやんちゃで、とても手のかかるクラスが、少しずつ私の言うことは聞くようになったのですが、他の先生の前ではきちんとできない、ということがありました。いつも私が教室にいるわけにもいきませんし、大切なことを意識させるような物でも飾ろうかと思ったのですが、相田みつをさんの言葉が響くほど成長もしていない子たちですから、いい言葉を飾ってもあまり効果はないかな、と思っていました。そこで思いついたのが、「私自身の言葉でカレンダーをつくろう」ということでした。題は「にんげんだもの」から取って「〇組だもの（その時の学級ナンバーで)」。黒板の端にぶら下げて、生徒へにらみをきかせます。

朝の学活では、司会の生徒が「今日の目標は『挨拶もできんのに、偉そうに言わん』です。しっかりがんばりましょう。」と滑稽な様子が展開されます。しかしこれがなかなか好評で、卒業前に教室の好きな掲示物を配ろうとしたときは一番人気。壮絶なじゃんけん大会が行われました。気をよくした私は、その後いろんなクラスでそのクラスにあった言葉を並べて飾るようにしました。

今でこそ芸能人が自分の言葉を並べてカレンダーとして売っていますが、自分では結構うまくいった実践だと思っています。指導主事の頃、研修の「おわりに」の場面でこのカレンダーを紹介しましたが、結局これが一番印象に残っていたり、好評価だったりしました。

以下に、自分で考えた言葉を少し紹介しようと思います。

「寝る子は育ちすぎる」	授業中、いつも寝ている子に向けて。
「大人の言うことは聞いとく」	素直である方が、実はいいことが多いという話を添えて。
「頑張ったかどうかは自分が一番よく分かる」	他人はだませても、自分の心が正直なら、そんな自分を許せるはずがない。
「相手見て態度変える人はいらん」	先生によって態度を変えるのは、自分の信頼を失う。
「掃除の時間のための掃除ではない」	時間が終われば掃除は終わり、と思っている生徒が多くいて、「きれいになる」という結果を出さないと意味がないということを。この頃は、きれいになっていない掃除区域の子は残してきれいになるまで残して掃除させていた。
「それを小学生が見てまねするやろ」	小中一貫校開校の年、中学生としての自覚をもたせた。
「『自己中』って自分で分からん。『自己中』だから。」	生徒は笑いながらよく納得していた。

「自分のロッカーに入れなさい」	空いているロッカーを勝手に使用する生徒がいて、わがままは集団の中でまわりを不快にするということを伝えた。
「進路決めるごとなって（時になって）親のせいにせん」	自分の進路は自分の責任で決めないと、後からいろんなことに言い訳しないといけなくなる。
「今日は全員と会話できるようがんばり」	誰にでも声をかけられるようになるきっかけとして。急に話しかけても、その目標の日だからと言い訳できる。
「気がついたらゴミ拾ってて」「教室が汚いと嫌だと思わん？」	普段生活する環境を美しく保とうとする心の大切さを、いろいろな形で伝えた。
「やめちょき（やめておきなさい）、絶対にばちが当たる」	行動する前に、ちょっと考えることの大切さを伝えた。
「他人の幸せを素直に喜べる人になりたい」	入試の頃、少しずつ合格者が増えて学級がギスギスして。「入試は団体戦」という感覚をもたせたかった。

「『明日でもいいですか？』間に合わんちゃ」	提出物を遅れる生徒は決まっている。そして言い訳も。入試前にそれでは通じないことを自覚させたかった。
「後ろ向いた間に、大事な話があるんよ」	いつも後ろを向いて話を聞かない子は決まっている。
「挨拶もできんのに偉そうに言わん」	自分の主張だけは強くするけれど、最も基本の挨拶ができなければ、誰も話を聞く姿勢にはならない。挨拶ができることは、人とつながる上でとても大切なこと。
「その仕事には自分の名前が付いてるんばい」	任されたことに責任をもってやり遂げること、しっかりと結果を出すこと。それができないのは自分の恥になる。
「『忙しい』という人に忙しい人は、まあおらん」	自分のクラスの副任の先生が、採用3年目の先生たちの代表授業をすることになりました。彼女は初任者の時にも代表授業をしていました。「またするの？」と聞くと、「みんな忙しいから無理って言うから仕方なく…」ということでした。それで、授業当日はこれを掲げました。

「暴れたら学校が壊れる」
「放送を聞きなさい」

そのままです。

二組だもの

さとうひでき作品集

廿八
挨拶もできん
のに、
偉そうに言わん

十七
今日は全員と
会話できるよう
がんばり

廿一
やめちょき
絶対
ばちが当たる

十五
後ろ向いた
間に、大事な
話があるんよ

廿九
「得」を捨てて
「徳」を得るんよ

カレンダーは、結構効果的です。先生自身の言葉で、真面目なことだけでなく日頃の先生方の喜怒哀楽に合わせた言葉を散りばめることで、先生の魅力を理解してもらえるかもしれません。

「得」を捨てて「徳」を得るということ

「得」を捨てて「徳」を得るんよ…これは私が自作のカレンダーを作ったときに、最初から入れていた言葉です。学校は「学力を身につける」という場所であるとともに、「他の人とどのように関われば良いかを学ぶ」場所でもあります。良好な人間関係を築くためにどのような言動を心がければ良いか、ということを日々の生活を通して学んでいきます。そのことを教師と生徒が一緒に踏まえ、大切にしていこうとするための合言葉がこの言葉なのです。

人が生きていく上で、「得」をするように考えて行動することは大切なことです。しかし、自分が「得」をするということは、誰かが「損」をするということでもあります。多くの子どもたちは「損」をしたくないと思って、家庭でも学校でも口をとがらせて生活しがちです。ただ、まわりの人と良好な関係を築くためには、あえて「損」をする行動を選択できることも大切なことです。

そこで、「友達との関わりの中で、誰かが『損』を選ばなければいけないとき、その『損』を選べる人になろう。そうすると人から大切にされるために必要な『徳』が身に付くから。『今日は損したな』と悲しくなった日は『今日は徳が得られて少し成長した』と思おう。」と話しながらこの言葉を掲げたのでした。

すると、多くの生徒はこの言葉の価値を理解し、心がけて行動してくれました。学級旗など、何かフレーズを入れる場面では指示したわけでもないのに、この言葉を当たり前のように使っていました。自分の主張を通すこと、自分の利益を守ることも必要ですが、相手を思いやり、自分のことを後回しにできることも大切なことです。そうやって生きていくことが「品良く生きる」ことだと思います。

保護者から「うちの子ばかり損をして…」という話があったとしても、「学校は『損』を学ぶところです。子どもたちもしっかりと理解してくれています。」と伝えることで、納得してもらえます。集団で生活するからこそ学ぶことができる、貴重な価値だと伝えていくことが大切です。

そして、「でもね、心配ないよ。言葉の最後を見て。ちゃんと『得る』って書いてあるでしょ。『徳』には『得』がついてくるよ。」と何となくだましたような話をしていました。生徒も妙に納得していて微笑ましく思いました。

「良いお話」の大切さについて

先生方は子どもたちに対してどのくらい「良いお話」をしているでしょうか。何分もかかる大きな話である必要はありません。日々の生活で感じた嬉しい話、見聞きした感動の話など、「嬉しいね」「すごいね」「そんな風になりたいね」という気持ちを共有できる時間をどのくらいもっているでしょうか。

教師と生徒は「教える者と教わる者」「導く者と導かれる者」といった関係性ですが、その立場があるから「生徒は教師を尊敬する」というものではありません。教師に対して人間としての魅力を感じたり、「この人の言うことを聞いていれば大丈夫だ」という信頼を感じたりすることで初めて、教師を尊敬するようになると思います。ですからちょっとした時間を見つけては「あのね、…」といろんな「良いお話」をすることが大切なのです。特に頻繁に説諭しているような時ほど意識して、先生方自身の本来の魅力を伝え、そんな先生が嫌な思いをしながらも自分たちに大切なことを教えてくれている、と思わせることが必要ではないでしょうか。「先生の感覚って素敵だな」「先生はやっぱり私たちのこと分かってくれている」「先生の言う通りよね」っていう感覚が生徒の中に広がっていくことで、教師と生徒の共感的な人間関係が育まれると思います。学級で生徒とうまくいっていないなら、なおさら「自分の好きなこと」「嬉しいこと」など、ポジティブな本音を少しずつ伝えて積み重ねていく。そして、話したからといってすぐに好感触を期待せずに、人間としての自分を見てもらうようにすることが大切かもしれません。

私の場合は、自分のクラスに対して常に一番厳しく接していました。学級編成後、担任を決める時に「どのクラスでもいいですよ」と偉そうに言って、大変そうなクラスを任される自分に酔っている勘違い教師でしたから、その分「絶対にいいクラスにする（いや、『できる』と確信するくらい勘違いしてました）」という気持ちは強くもっていました。そのクラスが最終的に「私の言うことは聞く」クラスレベルでは当然ダメですから、「佐藤から叱られるから仕方なく言うことを聞く」という状態ではダメなわけです。ちゃんと自分で考えて、どう行動すべきか判断できる集団にすることが最低限の目標でした。そうなるために私は「ダメなものはダメ」ということを徹底し、他のクラスがどうであろうが「このクラスはこうだ」というスタンスを変えませんでした。それができたのは「なぜそれが大切か」を様々な場面で話し、そうすることが「みんなを大切にすることになる」「自分からの最大限の愛情である」ということを言葉でしっかり伝えていたからだと思っています。初めのうちは「なぜうちのクラスだけ」という言葉が生徒だけでなく保護者からも上がることがありましたが、「必ずうちのクラスの当たり前が全校の当たり前になりますから理解してください」と説明し、協力をお願いしました。

そんな時に心がけたのが「良いお話」を続ける、ということでした。生徒の価値観を大きく変えていくために

・この学級で最も価値高いことは「誰かの役に立つ」「他人のために行動できる」こと
・自分が間違えた時に素直に受け入れ、変わることができる自分であること
・友達を「否定する言葉」よりも「認める言葉」を大切にできること

といった内容の「良いお話」をできるだけ多くしていきました。そして、学級の真ん中に『得』を捨てて、『徳』を得る」という言葉を掲げ、自分の学級が大切にするものを意識させ、それを生徒一人一人にとっても大切なものにしていきました。

では他のクラスではどうしていたか。他のクラスでも授業の隙間でちょっとした話をしていました。

その話は常に

・学級担任ががんばっている姿を、押しつけがましくならないように「なんとなく」話し、担任と生徒の心の距離が縮まることをねらいとすること
・佐藤先生は「良いお話」をするなあ、と感じてもらえるように温かい雰囲気で話すことということを意識したものでした。ずるいのは二つ目のポイントで、これを続けることで自分のクラスに対してどんなに厳しくしていても、私のクラスの生徒は他のクラスの生徒から「佐藤先生いいよね」と言ってもらえるようになり、なんとなくそんな気持ちになっていくわけです。
「良いお話」は子どもたちの心を豊かにするだけでなく、教師と生徒の距離を縮め、信頼を深めるために大切なものなのです。ちょっとした時間を使って、先生方の「良いお話シャワー」を生徒に注いでください。

挨拶の価値

今、小学校から高校に至るまで、「挨拶日本一の…」と掲げる学校が多くあります。小中学校ならまだしも高等学校まで。しかし、「『挨拶ができること』の大切さは何か」と聞かれて、本当に

納得できる回答ができるだろうか、ということに自分自身が疑問を感じました。

挨拶は人と人が接したとき最初に交わすものであるし、初めて会った人に与える第一印象としても重要である、ということは分かります。子どもたちには、社会で多くの人と出会い、良い関係を築き、つながり合うことを通して、自分自身を豊かにし、自己実現を図って欲しいと思います。そのための第一歩として挨拶はとても大切だと思います。

ただ、挨拶さえできればコミュニケーションの能力が完璧になるわけではありません。そこから先が必要になります。そこで「こんにちは。今日もいい天気ですね。」のように挨拶の後に一言付け加える「二言挨拶」を奨励する学校も見られます。

私の自作のカレンダーに「挨拶もできんのに偉そうに言わん」という、酷く乱暴な言葉があります。しかし、この中に私の考える挨拶が表れています。

挨拶は人と関わる上での入口ですから、最も活用する頻度の高い「技」になります。「おはようございます」「こんにちは」「ありがとう」が言えない子が「博多駅まで行くにはどの電車に乗ればいいですか?」「すみません、私が注文した物か来ないんですけど、まだ時間がかかりますか?」と尋ねることなどできません。いろいろな会話を通してコミュニケーションをとるためには、それなりの「技」が必要であり、それは練習しなければ身に付けることができません。ただ、誰でも他人と関わる時には、多少の不安を抱えています。日頃の生活の中で、気後れすることなく、積極的に様々な「技」を練習できるようになるために、「挨拶」という基本的な「技」に自信をもたせ、人と関わることのハードルを下げることは重要であると考えます。

「笑顔の挨拶は互いの距離を縮められる」ということを理解し実践できれば、不安を消し、コミュニケーションを豊かにしていくのではないでしょうか。だから、子どもたちが挨拶できたとき「挨拶ができて偉いね」よりも「挨拶してもらえて嬉しかったぁ」や「気持ちよくなったよ」を伝えることの方が大切かなと思います。子どもたちに、挨拶のよさを自分なりにしっかりと考えさせることで、本当の意味での「挨拶日本一の学校」の価値に気付かせることができるのではないでしょうか。

第 2 章

より良い生徒指導へのヒント

～「人間関係づくり」「集団づくり」
「つくる」意識が大切です ～

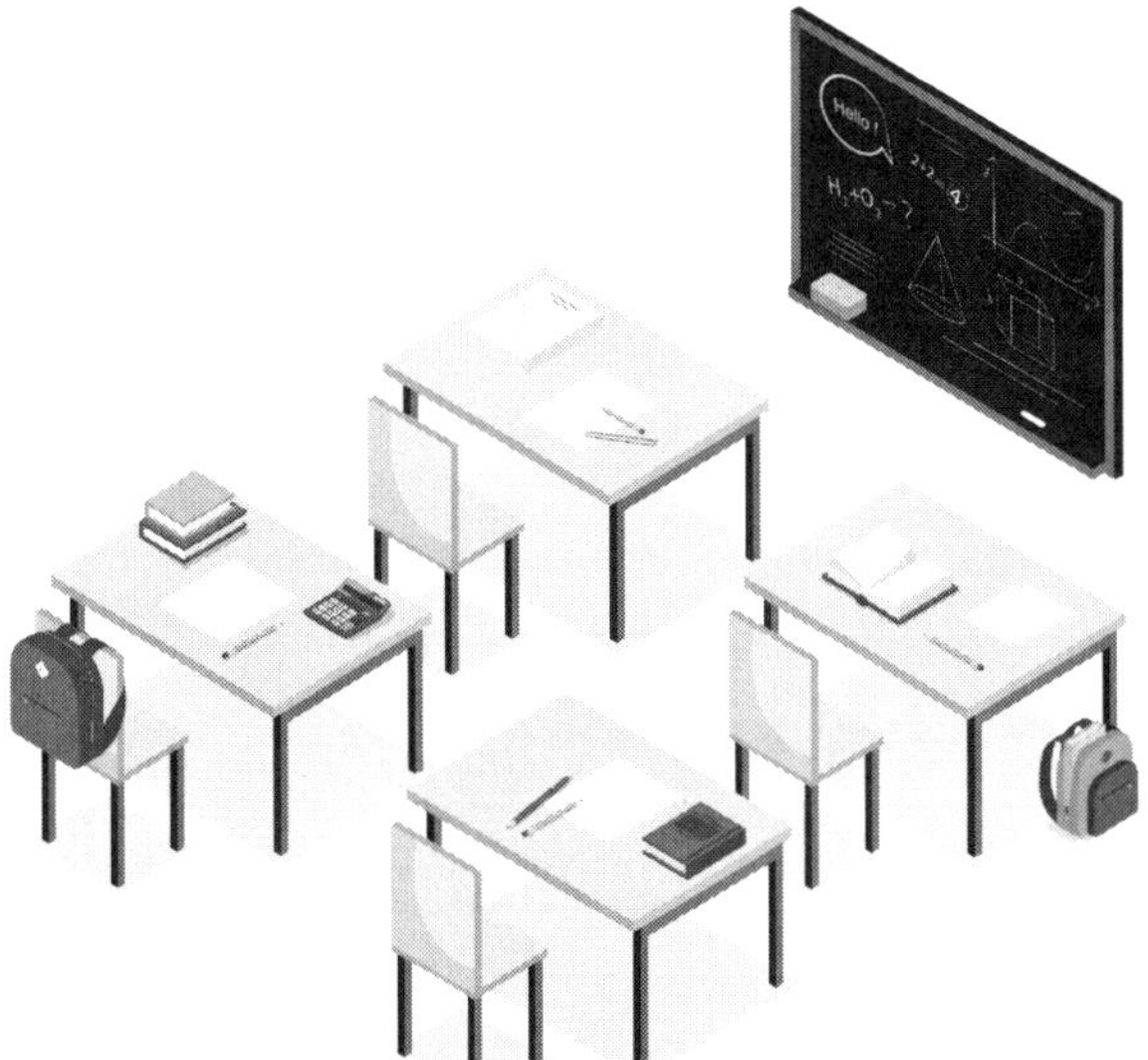

生徒指導が上手になるとは

先生方は「生徒指導の上手な先生」と聞いて、どんな先生をイメージするでしょうか。「厳しく指導できる」「大きな声で全体を統率できる」「トラブルの時、先頭で対応できる」「やんちゃな子も言うことを聞かせている」等でしょうか。かなり偏ったイメージかもしれませんが、そう思っている方は少なくないと思います。例えば、とても温厚な男性の先生から「僕は生徒指導が苦手ですから」と言われたことがあります。おそらく、上のようなイメージの存在にはなれないと思ったからでしょう。生徒指導力は全員に必要な力なのに。また、「生徒指導がうまい」と言われる先生の真似をしているのはいいですが、上のイメージの部分だけを真似してうまくいかず、そのうち生徒から見透かされてしまっている先生もいます。では、まわりから見て「生徒指導の上手な先生」は何をすることでそう見られているのでしょうか。

「生徒指導の上手な先生」に共通してみられる最大の武器は「生徒からの信頼」です。どんなに厳しく叱られても「〇〇先生が言うのだから」と、生徒が納得してくれます（それは「一部」ではなく「ほとんどの生徒が」ということが大切です）。そして、そうなるための日頃の教師の振る舞いが、大きな差となって表れているのです。これは男性の先生に多いですが、尊敬できる先生がちょっと雑な姿を見せると、それが格好良く見えて真似します。「俺は先生だからこのくらい良いんだ」と横柄な態度を取ったり、いろんなことがルーズになったりします。でも、まわりの人は本人には言わないけど「困った人だ」と思い、その先生が憧れている先生とは真逆の評価を受ける結果となります（まあ、本人は気づいてないし、まわりは苦労していますけど）。

では、生徒からの信頼を得るためにやるべきことは何でしょうか。

1　「ダメ」の線を明確にする

普段は自分の個性を出して、人間としての魅力を感じてもらえるように接していましたが、これは絶対に許されないという場面では毅然とした態度で指導しました。この境目をぶれないように明確にしてあげると、怒った時の先生がどんなに厳しくても、そこにルールが存在しているので生徒は安心して生活ができます。私の場合は「生徒に危険が及ぶ場合」「まわりの人の心や体を傷つける行為」に対しては特に厳しくしました。集団内の立場が弱い子が安心して過ごすことができなければ、絶対に信頼される先生にはならないからです。

逆に、普段は威張っているのに肝心な時に指導できない、生徒が期待している場面なのに叱ることができない、では子どもたちの心は離れていくばかりです。普段は楽しいけどダメな時はしっかりと伝えてくれる、これは生徒にとって大切な「頼もしさ」につながります。

2　普通にがんばっている子が集団の主役であること

問題行動で指導が必要な生徒がいても、そこが中心ではなく、普通に生活している生徒が主役となる集団づくりが必要です。普通に生活できていることの素晴らしさを伝え、向上心をもって成長できる集団になるよう、生徒と向き合うことが大切です。もちろん、指導の必要な生徒にもエネルギーを注ぎますが、それ以上にがんばっている生徒たちにエネルギーを注ぎ、そうやっていることを生徒自身にも感じさせていきます。指導の必要な生徒が「この集団に入りたい」と思える集団に育てていくことが大切なのです。そうすれば、少々のことでは学校は崩れません。

余談ですが、私が教諭時代に赴任した三つの学校は結構荒れていました。そして、多くの先生方と協力して立て直していく経験をしました。ありがたいことに荒れの状態に戻したことはありません。それは、荒らす生徒がいても、そうなりたいと思う生徒をつくらないよう「がんばっている方がすごい」と思える集団をみんなでつくっていったからだと思います。ですから、時々「荒れるときは早いよー」と威張って言う先生に出会っても、全く共感できません。以前そうやって言われたときに、「荒れませんよ。私、失敗しないので」と調子に乗って言ったこともあります。集団づくりができれば絶対に大丈夫だと思っているからです。

3　集団で大切にすべきことを教え、できれば褒める

「学校や学級での生活は、家で生活することとは違う」ということを理解させ、集団生活のルールとその価値をしっかりと共有することが大切です。私の場合は前述しましたが「『得』を捨てて『徳』を得る」という言葉でルールを意識させました。「人のためになる」「誰もやらないなら私が」といった態度の素晴らしさを語り続け、それができた場面では確実に褒める。学級で最も大切にされる価値として意識させました。

4　環境が心を育てる

生徒にとって教室は、一日の多くを過ごす空間です。そこが汚れていたり壊れていたり散らかっていたりすると、「当たり前」の感覚がおかしくなります。きれいに整えられた空間にしてあげないのに「生徒が落ち着かない」って、当たり前です。掃除の時間は特に大切にさせました。「掃除の時間のための掃除ではない」つまり、掃除の時間があるからその時間だけ作業をすることが

掃除の目的ではなく、自分の持ち場をきれいにすることが目的だと話し、「その仕事には自分の名前がついている」と責任と恥について伝えました。ロッカーやその上が片付いていないのも許しませんでした。家での躾の問題かもしれませんが、できていないことを学校で教えてあげることも大切です。また、帰りの挨拶の際はまわりのゴミを拾わせ、机を並べてきれいに整えてから帰しました。「放課後、教頭先生が見回りに来て教室を見られたとき『きれいな教室だな』と思われたい。汚くて恥をかきたくない。」と話し、最後に帰る人が机の並び、窓の鍵、消灯を確認して「きれいな教室になっている」と確認して帰るようにさせました（戸締りや消灯を徹底させる意味で）。ですから、教頭時代には戸締りの確認をしながら各教室の様子を確認し、素敵な教室には、つい入って掲示物を眺めたり担任の工夫に感心させられたりして温かい気持ちになることもありました。教室の環境整備を通して「私の恥はあなたたちの恥、あなたたちの恥は私の恥」と価値観を共有し、学級担任の思いを理解させせました。掲示物や必要な備品もしっかり整え、学級担任の愛情表現だと伝えました。教室を大切にすることで自分たちが大切にされていることを実感し、それを保とうとする集団になれば先生への信頼は極めて大きなものになります。

５　どの子も大切にできる

当たり前のことですが、一人残らずどの子も大切にできるか、ということです。できている人とそうでない人、全く分かれるように思います。生徒のできないことばかりに目がいってしまうと、その子をリスペクトできなくなります。いつの間にか、馬鹿にしたり見下したりする感覚が生まれます。いいところを見つけても、「でも…」とできないところを思い出し、素直に評価しません。そんな風に見ていたら、生徒は敏感ですから何かを感じます。先生との距離など。教師としてのがんばりを自らのそんな意識のせいで無駄にし、それをまた生徒のせいにする。悪循環になります。生徒に対して、ついそんな気持ちをもったとき、反省して改めるように努力することが必要だと思っています。私もいろいろ努力してきたつもりでしたが、やはり「力で抑えている」と言われることもありました。学級でそのことを告げると「まぁ、その部分もあるけどね」と笑って言われたこともありました。ただ、先生方（特に若い先生方）に分かっていただきたいのは、「生徒指導が上手な先生」には誰もがなれるし、なって欲しいということです。そのために、大きなイメージに惑わされるのではなく、面倒くさがらず、丁寧に、確実に、本物の愛情をもって生徒に接していくことが大切だと伝えたいです。

いじめに対する向き合い方

現在、どんなに些細なことでも、された側が苦痛を感じれば「いじめ」になります。ここからいじめ、という線が明確に引けない以上、やむを得ない判断だと思います。これまで、教師一人一人の勝手な考えで、いじめであるか、そうでないかを判断してきたために、不幸な結果を招いてきた事実がありました。

いじめに対して教師に求められる基本姿勢は、
「いじめは人間として絶対に許されない」という強い認識
「いじめはどの学校、どの子にも起こりうる」という危機意識
「いじめられている子を最後まで守り抜く」という強い信念
をもつことであり、これは全ての教師が理解していることだと思います。しかし、教師や保護者等、大人の中にはこれに納得できない人も多くいます。
「いじめられる方にも原因がある」
「いじめられても仕方のない子」

「このくらいのいじめを乗り越えられないなら、大人になって苦労する」こういう考え方に対して、共感できる人も多いかもしれません。

しかし、人との関わり方に困難さがあったり、相手を思いやる行動ができなかったりする人は「いじめられても仕方ない」ということでしょうか。そのような相手であれば、苦しめることをしても良い、という理屈でしょうか。殺されたり奪われたりは残酷だけど、いじめられる程度は良いのでしょうか。人間関係を築ける大人になるために、いじめは乗り越えなければならない経験でしょうか。いじめを乗り越えなければ強くなれないのでしょうか。

答えはいずれも「NO」です。どんな人であっても「いじめられるべき」人はいませんし、いじめを耐える経験をしなければ大人になれないなんてこともありません。私自身、人をいじめてしまった経験は数え切れないほどありますが、「いじめられた」と思う経験はありません。でも、普通に生きています。幸いにも、仲良くしてくれる人もいます。

大人がこのことに気づかない限り、いじめに対する基本姿勢なんて理解できないし、救われない子どもたちを生み出してしまいます。いじめはしてしまうけど、やっぱり許されないことを伝え続けることが大人の責任だと思います。

「正しい」「正しくない」で片付けないことの大切さ

普通に生活していても、誰かとトラブルになったり、嫌な気持ちにさせられたりすることはあります。些細なことでケンカをしたり、口をきかなくなったり。自分がその立場になった時、必ずやることは、「自分の正当性を確認し、自分自身を強く納得させること」です。

「相手がこう言ったから、私がこう言い返すのは仕方がないことだ」

「だって、相手が先にこんなことを言ったからだ」

と、自分の非を正当化し、繰り返しそう思うことで、「絶対に相手が悪い」と疑わないようになります。学校でトラブルが起こったとき、子どもは比較的簡単に、先生の「あなたのこんなところが悪い」を受け入れてくれます。もし受け入れない子がいると、多くの先生は「ダメな子」にしてしまいがちです。

しかし、自分なりの正当性が固まっている子に、客観的に「あなたが悪い」と伝えたとしてもそれを受け入れられないのは、ある意味当然ではないかと考えます。また、トラブルの内容を家庭に伝えた際、保護者から「本当にうちの子だけが悪いの？」と理解してもらえないことがあっても、当然のことかもしれません。

極めて悪質ないじめであっても、多くの場合、当事者はいじめているという意識がなく、自分の行為に正当性を感じているため注意されても変わりません。ましてや、一方的に「こんないじめをしてなんてひどい人だ」「何とも思わないのか」と悪者扱いされると、ますます自分を正当化し、客観的な考えを否定させることになるかもしれません。トラブルになったとき「あなたが正しい」「あなたが悪い」と判断されても、それを受け入れられる心の広さは、なかなかもてないのではないでしょうか。（犯罪など明らかに悪いことをしている、またはその意識がある場合を除いて）「正しい」「正しくない」で判断させるのではなく、注意したい生徒やその保護者の気持ちを考え、一つ一つの行為によってどんな影響があるのか、誰がどのような気持ちになるのか、理由は何にせよその行為をする自分はどう見られてしまうのかを丁寧に伝えていくことが必要だと思います。保護者には、その行為を続けていくことで将来どのような大人に育つかを一緒にイメージしてもらうのもいいかもしれません。加害となった生徒や保護者に対して「善悪の判決を下す」のではなく、心配な気持ちを伝え「一緒に改善できるものは改善していきましょう」と寄り添う姿勢が、苦手な生徒や保護者との関係改善につながります。

悪口はうんこ

子どもに限らず、多くの人は誰かの悪口を言います。ただ悪口が多く出るという状態は、学級経営がうまくいかない原因になってしまいます。ですから、私は教室で「悪口はうんこです」という話をしました。

生徒に「悪口好きな人?」と尋ねると、何人かの生徒が(ノリのいい、自分と打ち解けたクラスなら多くの生徒が)「はい」と手を挙げます。私も「そうだよね。先生もよく悪口言うし、言わないように心がけていてもいつの間にか言ってしまっている」と共感します。そして、そのタイミングで「でも、悪口はうんこなんだよね」と伝えます。生徒は笑いながらも、顔が⁇ってなります。「人間、生きていると嫌なことあって、どんどん溜まってくるとしんどくなるよね。誰かに聞いて欲しくなって、『そうだよね』って友達に味方になって欲しくて、自分を嫌な思いにさせた人のこと悪く言いたくなっちゃう。これって、おなかにうんこが溜まるのと一緒で、気持ち悪いから外に出しちゃう。嫌だと思うストレスも、うんこも、溜めておくと体に良くない。だから外に出してスッキリしたいよね。ただ、口に出してる悪口、それってうんこだから。本物のうんこは人に見せないけど、悪口は人に言うわけだから『ねえ、私のうんこ、見て、見て』ってやってるわけ。多くの場合、他人から悪口聞かされても気持ちよくないでしょ？　どちらかというと、いつも言って来る人のこと距離を置きたくなるじゃない。うんこ見せられても嫌な気持ちにしかならないからね。だから、できるだけ悪口っていう形でストレスを外に出さないこと。たまには家族や友達に聞いてもらうことはあっても、相手が気持ち悪くならない程度にしよう。」という話をします。「うんこ」は中学生にとってもまだ魅力的な言葉で、妙にうなずきながら聞いてくれます。教室で悪口を耳にしたら「うんこ見せないでね」と言うだけで笑いと反省の空気が流れます。

別の機会では「悪口は言った分、自分も言われるけど、それは仕方ないこと」という話をしていました。「全員が自分の全てを認めてくれるわけじゃない。嫌なことを言うのは自分の嫌なところを見せてるんです。真上に唾を吐いて、それはそのまま自分の顔にかかるっていうことです。」という話をしたんですが、その話を聞いた女子生徒が30歳になった時の同窓会で「先生に悪口言った分、自分も言われるって言われてからずっと怖くて、今でも人の悪口言えなくて困ってる」と話してきて、教師の言葉は全員ではなくても、誰かに強く刺さって大きな影響を与えるんだと考えさせられました。

「悪口はうんこ」という言葉、合言葉にしてもいいかもしれませんが、言葉が言葉なだけに、からかいやいじめの原因にならないように注意する必要もありますので、その点もお伝えしておきます。

不登校生徒への対応

私も学級担任の時、クラスに多くの不登校の生徒を抱えました。若い頃、少し上の先輩たちから「学校に来ない奴は本人の問題だからあまり気にしなくていい」と言われ、鵜呑みにした私は不登校の子の家に通うことをせずにいました。卒業式にも来ることができませんでしたから、家に卒業証書を持っていきましたが、その時初めて、母親から私の冷たい対応への批判の言葉を受けました。先輩たちの言葉を疑わずにいた自分の愚かさを痛感した出来事でした。いや、出来事という言葉では済まされませんね。1人の子の進路を全くサポートしなかったわけですから。それ以来、私は不登校の子に対する向き合い方を改めるようにしました。そのような経験をした後、次の学校で向き合うこととなった一人の生徒について書きたいと思います。

その生徒はテニス部の女子で、1年生の途中から少しずつ学校に来られなくなりました。様々な家庭の事情もあり、学校には来ることができてもだんだんテニス部に通えなくなり、他の部員との人間関係に苦しむようになりました。そして、１年生の３学期には完全に登校できない状態になってしまいました。私は、週１、２回家庭訪問をし、またメールでやりとりをしながら彼女の様子を見守りました。

２年生の修学旅行前、彼女が参加できるように学級で様々な声かけをし、彼女が参加しやすい班をつくったり、その日までどうやって声をかけていくかを考えたりさせました。しかし、本人は「普段学校に行っていないのに修学旅行だけ行くとか、厚かましくてできない」と頑なに参加を拒みました。私は「結果的に行かなくてもいいから、その日の朝、行きたくなったのに準備できてないから行けない、ということだけはないように」と言って、少しずつ準備を手伝いました。修学旅行の前夜、何とか参加できるよう家庭訪問しましたが、彼女はやっぱり参加を拒みました。学校に戻って、まだ学校に残っていた先生たちには修学旅行は難しそうだと伝えて帰宅しました。しばらくすると彼女から「先生、たいへん」と突然電話がかかりました。一瞬、なにか家庭でトラブルがあったのだろうかと心配しましたが、「M先生（テニス部顧問）から電話があって『去年、修学旅行の引率に行ったときに生徒指導が忙しくて、自分の子どもたちにお土産を買ってやれなかった。佐藤先生にお金を預けるからお土産よろしく』って言われました。どうしたらいいですか」という内容でした。私は「じゃあ買わんといけんね、明日遅れんように」と伝えて電話を切りました。M先生は、彼女が参加できるための役割（まわりの子、そして自分自身への言い訳）を与えてくれたのでした。当日は近くの子が迎えに行ってくれるようになっていたので、一緒に来てくれることを信じて集合場所で待ちました。その日、彼女が現れた瞬間、何人もの女子が囲むようにして抱きつきながら迎え入れてくれた姿を見て、経緯を知っていた校長先生は一人で涙を流していました。旅行中の彼女の笑顔は忘れられませんし、嬉しそうに迎え入れてくれた子どもたちのことも大切な思い出です。

旅行後、少しがんばることができましたが、やっぱり不登校に戻りました。ただ、行きたい高校があったらしく、1校だけ入試を受けました。彼女は合格することができました。そして、北九州市にあるその高校まで3年間通うことができました。彼女は、不登校を中学校卒業と同時に終えることができたのでした。

たくさんの不登校の子の中には、次のステージではがんばることができる子もいます。ただ、次のステージへ進むために多くの場合、私たちが行う評価、私たちがつける評定が大きく関わります。例えばフリースクールや市の適応指導教室に通う生徒に、直接指導していないのに定期考査だけ受けさせて、その結果で評価を行うのはどうでしょうか。学校に来ていないのに、来ている子と同じ規準で評価できるはずがありません。その学年の内容を一定程度できるようになる評定を「3」とするならば、その「3」に近づけるための努力を私たちも行う必要があると思います。学校に来ている子が学習している単元・題材でなくても、学習指導要領にある内容を身に付けられていれば、それは評価すべきことですし、文部科学省からも「評価しなさい」と文書が来ています。「課題を与えたけど本人がしなかった」「家でさせられることがない」ではなく、「これならどうだろうか」と工夫して欲しいし、フリースクールや適応指導教室で学習した内容を確認して、評定につなげることも可能だと思います。

これから不登校の生徒もますます増える時代になると思います。来ている生徒の対応でも忙しいのに家庭訪問も大変です。でも、その子も先生の学級の子です。どうか、家に閉じこもったその子と外の世界をつなげるパイプ役として、優しく向き合ってあげてください。

「生徒指導」で全ての生徒の居場所づくりを

寒い季節になると増えるのが「遅刻」です。私も朝、布団から出るのが辛くなったり、怠け心が大きくなったりして「休みたいなぁ」とか思ってしまいます。ただ、「今日はあれをしないといけないな」とか「あの人と約束していたな」とか考えることで現実に戻り、「仕方ない、がんばるか」と準備を始めるわけです。私の場合は、その「やるべきあれ」や「会う約束をした相手」がいるので動き始めることができますが、それがない人（生徒だけでなく大人だって）は、つい自分を甘やかしてしまうこともあるでしょう。学校に来るのがしんどくなった子を見て、多くの大人はそうなった原因を「その子の弱さ」だと言うかもしれませんが、私たち教職員は「全ての生徒」に寄り添い、支えていかなければなりません。もう一度教室を見渡して、大丈夫ではない子、大丈夫なふりをしている子がいないか、しっかりと気にかけて欲しいと思います。そして、「行きたくなる学校」づくりをお願いしたいです。

私からはその手立てとしての「生徒指導」について、確認の意味でお伝えします。「生徒指導」とは、「一人一人の児童生徒の健全な成長を促し、現在及び将来における自己実現を図っていくための自己指導能力の育成を目指す」ということが究極の目標です。この自己指導能力は、自己実現を図ろうとする自律性の面と、他者の主体性を尊重しようとする規範意識の面の両方から判断し、「自分も喜び、みんなも喜ぶ」判断と行動ができるようになる力、と考えられます。これは、人権教育を通して養いたい資質・能力である「自分の人権を守り、他者の人権を守るための実践行動」と同じものです。

では、その力を身につけさせるために有効な手立ては何か。それが以下の四つの留意点になります（新しい生徒指導提要で、それまでの三つから一つ増えて四つになりました）。

・自己存在感を感じられるようにする

「私はここにいていいんだ」「私の居場所はここにある」と感じられる場面を設定することです。授業で、いつも同じ生徒が活躍していないでしょうか。声を出してくれる子とだけのやりとりになっていないでしょうか。全ての生徒に「役割を発揮する場」「必要性を実感する場」「成功を実感できる場」「存在を感じる掲示」等が必要です。「その他」という扱いではなく、一人一人をしっかりと受け入れること。多様な考えからより良い解を導き出そうとする姿勢を大切にし、間違いや失敗を心配せず、安心して発言できる雰囲気をつくり出しましょう。

・共感的な人間関係を育むこと

「私は私でいい、あなたはあなたでいい」「互いに折り合える点を見つけよう」と思える集団になることが大切です。一部の人が我慢して成り立つ集団ではダメです。例えば全員が7割の満足と

3割の我慢を抱えて納得できるような、全員を大切にすることが当たり前と思える集団をつくるために、日頃から考え判断させる場が必要です。生徒どうしが「心を通わせる状況」「互いに学び合う雰囲気」「温かい助言や励まし」がある授業を行っているでしょうか。同じ集団でも、先生や授業によって異なることもあります。生徒のせいにせず自分の授業を見直してみましょう。

・自己決定の場があること

「どう生きていくかは自分で決める！」「自分の可能性を切り拓いていく！」という、私が生徒に考えさせたい「本物の自分」を見つけ出そうとする力を身につけさせるために、大切な仕掛けです。何でも準備してあげて、台本通りに進めさせるのは、教師にとって楽なことです。しかし「学習課題」「表現方法」「場」「作戦」等を「決定させる」場面があることで、生徒は自信をもち、「挑戦したい」という気持ちを育むことができます。そして、真面目にがんばることの尊さを実感させることができ、私たちが伝えたい理想を理解できるようになると考えます。

・安全・安心な風土をつくること

どの子も学校で安心して生活できること、安全が保証されていることは当たり前のことですが、そんな空間をつくることは容易ではありません。常に一人一人の思いを把握しておくことができれば良いのですが、非常に困難です。ですから、まず生徒が困ったときにＳＯＳを出せる環境を用意することが重要です。例えば、先生に相談しても絶対に秘密を守ってもらえるという安心感があること、普段はとても優しいのに間違っているときはしっかりと厳しく指導してくれること、先生は自分たちのことを心から思ってくれていると感じられること等が大切です。日々、先生方が子どもたちに話をする時間を大切にしていますか。みんなのこと分かっているよ、と伝えていますか。子どもたちをネタに笑ったり、ひどい言葉を浴びせていたりしていたら、絶対に良い学級にはなりません。「行きたくなる学級」を意識して生徒と接してください。

これらの四つの留意点について、当たり前のように意識して学級経営や学習指導に臨んでいるか、「そんなこといちいち考えてできるわけない」と思って「自分流」を変えずに臨んでいるかを比較し、どちらの生徒が幸せかを考えていただければ、選ぶべき道は明白です。全ての生徒にきちんと自分の居場所があって、「学校が楽しい」と思えるようにがんばりましょう。

校則を守る意味

中学校や高校では、殆どの学校に校則があります。服装や髪型、持ち物、行動範囲等、その内容は様々ですが、先生たちは一生懸命に校則を守らせるように努力します。実際、校則を守ることができている学校の生徒は落ち着いた生活を送っていることが多く、そうでない場合には一部の生徒が力をもち、わがままをしていることが多いでしょう。そのため、多くの教師が校則を守らせることに躍起になり、「校則を守らせる」ことが目的化してしまっている状態によく出会います。そして、校則を守らせ、言うことをきかせている状態に満足し、教師の自慢になっていることもよくあります。

現在、そんな校則の在り方について多くの疑問の声が上がっています。そして、新しい生徒指導提要にも校則の見直しについて記述されています。

私は、校則を一つ一つ見たときに「それを守らなければ、必ず、著しく秩序を乱す」というものに出会った記憶はありません。全ての学校に共通し、絶対に必要な校則等は存在しないと思うのです（当然、法を侵す行為はダメです）。

では、なぜ校則は存在するのか。社会には全ての人が幸せに暮らすためにルールが存在し、それらを理解し、積極的に守っていこうとする姿勢を、学校で養う必要があるからではないかと思います。そのためには、存在価値のある校則でなければならないでしょうし、それらを守ることで全校生徒の安全・安心な生活が保障されることを共通理解できなければならないでしょう。そして、それらをきちんと守ることができる自分や友達の姿に良さを感じ、自分も他者も大切にできる生徒を育てていくことが、中学校や高校の「校則を守る生活」の意味ではないかと思います。

明らかに不必要な校則や時代にそぐわないものは、積極的に見直していくことが大切だと思いますし、校則に対して、これから益々、柔軟に接していくことが求められていく時代になると思います。ものさしでスカートの長さを測ること、前髪の長さを指導することが大切にされてきた歴史もありますが、意味も考えずに形だけ従う生徒を育てるのではなく、ルールを守る自分に誇りを感じられる生徒を育てるように指導することが大切ではないでしょうか。

個に応じて

ここ数年、特に個に応じた対応が求められるようになりました。特別支援教育に対する理解が広がりを見せ、学校では合理的配慮の提供が義務となり、多様な特性について適切な対応が行われるようになりました。

これまで生徒指導の視点から考えた時、個に応じた指導は簡単なものではありませんでした。指導方法が異なると「贔屓（ひいき）」と言われ、「なぜあの人だけ許されるのか」と信頼関係を崩す原因になることもありました。そこで、多くの教師は学校や学年で「指導の方針を揃える」ということに力を注ぎ、「全体の規則」という力を借りて秩序を保とうとしてきました。保護者も「学校で決まってるでしょ」が楽だから、様々なことを学校の規則にして欲しいと求めてきました。子どもに「話して聞かせる」「納得させる」というのは大変なんです。

私は、他のクラスと違うことをして叱られた経験が多くあります（わがままが多かったので、かなりの先生を困らせたかもしれません）。しかし、「揃える」ためにやりたいことができない、という状況が楽しくありませんでした。ですから、ある程度の経験を重ねてからは学年全体に自分の思いを語り、何が大切かを広い集団で考えさせ、「規則だから」を超えた所で秩序が保てることを目指しました。正しいことができる素晴らしさや、みんなで一つになることの感動を共有したい（「与えたい」ではないんです。自分もその中に居たいから。）という思いを素直にぶつけていたように思います。多くの場合、生徒はその期待に応えてくれました。そうやって私を育ててくれました。

指導方法や許されることが一人一人異なるということは、なぜそうなるのかを全体に（正しく）理解させるという作業が必要になります。これは、うまくいかないことが多いですし、面倒なことでもあります。しかし、これからの時代は「一人一人の状況に応じた対応」を提供していくことが求められます。そして、それを素直に受け入れることができる集団を育てなければなりません。大変ですが、これができる学級や学校って、素敵だと思います。保護者の思いに耳を傾け、一人一人の生徒にとって必要なものを見つけていくという丁寧さがあれば、保護者も安心です。関係も良くなります。

「規則で決まっているから」を超えた次元で、勝負できる教師でありたいものです。

部活動顧問の難しさ

中学校における「働き方改革」の対象の一つとして、部活動があります。これについては、「是」「非」両面からの考え方がぶつかり合うことが多いのが実情です。

部活動のプラス面としては、やはり生徒指導上の効果があります。学習以外で活躍できる場になりますし、人との関わり方を学ぶこと、もちろん競技等の専門的な技能を高められることなど、子どもたちの自己実現に様々な良い影響を与えられます。

しかし、基本的に教師のサービス残業で成り立っていることが多く、休日に指導をしても2000円~3000円の手当がある程度です。学校で運営せずに社会体育に任せればとか、外部指導者を積極的に活用すればという声もありますが、技術指導だけでなく生徒指導の側面を考えたとき、簡単には移行できそうにはありません。

また、部活動が本業になっている教師が存在することも否めず、そのような先生からすると納得できないでしょう。「熱心な先生」の存在は、個人的な事情でそこまでできない先生や専門外の先生を悪者にしてしまう怖さもあります。保護者も専門性を高めることに熱心な先生を求める人もいれば、「楽しみたい」レベルの我が子を大切にして欲しいという人もいます。

ただ、部活動の顧問を離れた今、間違いなく言えることは、本当に部活動の顧問は大変だということです。自分の時間の多くを奪われ、時には自分の財布から支出することもあります。運営方法や部員同士の人間関係のこじれについて、保護者から苦情を受けることも。それでも現状として無くすことは難しい部活動に、今日も休日を返上して取り組んでいる多くの先生方。本当に頭が下がります。

私も20年以上野球部の顧問をしてきました。その中で心がけたことは、まず部活動のゴール像を子どもたちと共有することです。大会の結果や技術の上達としての目標だけでなく、この1年で部員同士の人間関係や自分自身の人間性でどこまで成長できるか、という部活動の目的を確認してきました。毎日参加できなくても大丈夫なこと、しかし必ず欠席連絡をすること等のルールも守らせるようにしました。学校の部活動は、あくまでも人間形成が目的です。大きな大会で優勝できることも大切ですが、人としてきちんと育たなければ意味がない、このことを最も大切にして部活動を運営することが必要だと思います。

これを生徒、保護者としっかり共有して、先生にとってできる限り負担の少ない体制をつくって欲しいなと思います。

第 3 章

より良い授業づくりのヒント

～ 学校は、若手の先生の挑戦に期待しています ～

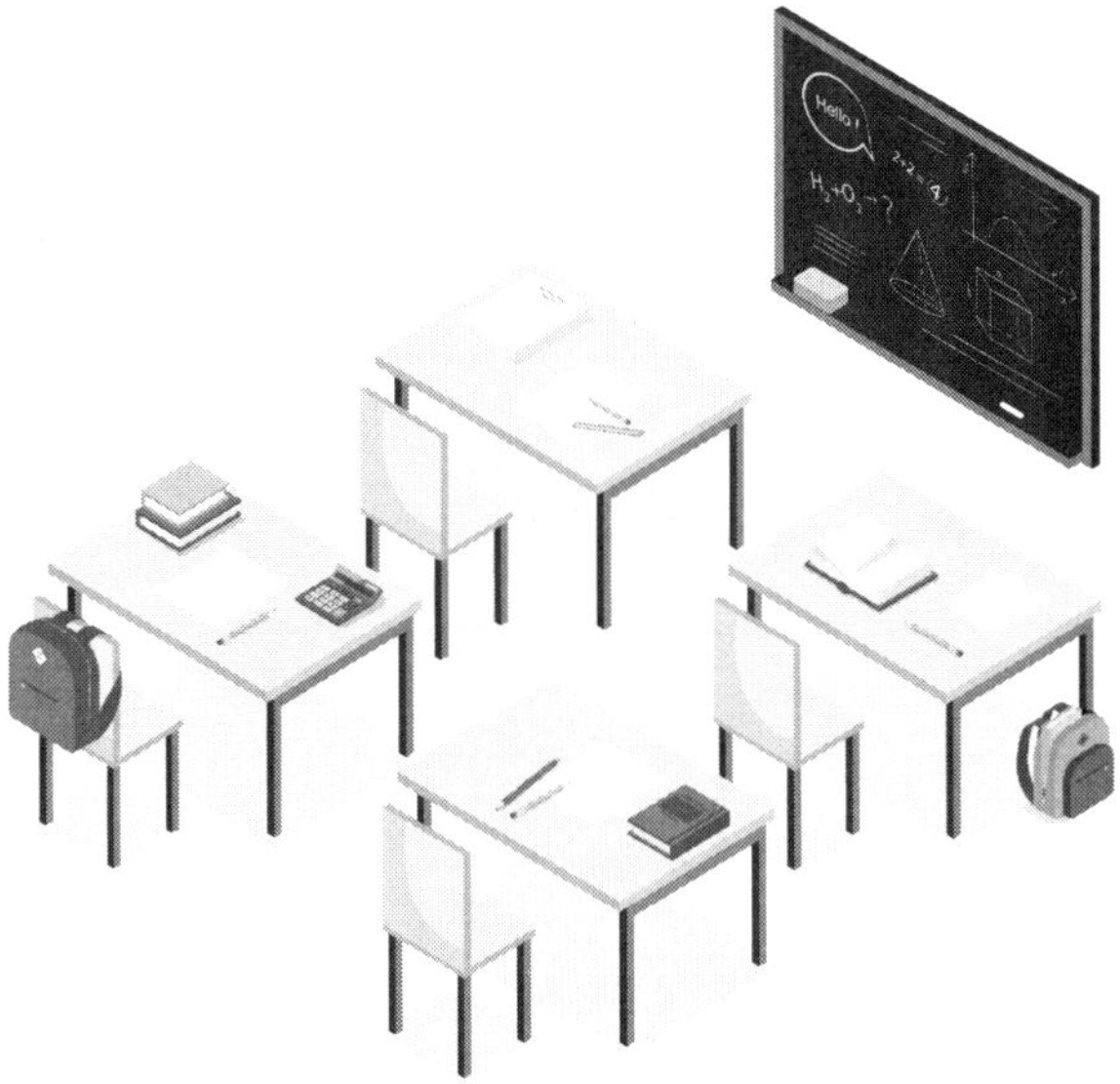

主体的に学習に取り組む生徒を育てるために

時代は確実に変化し、これまで当たり前だと思っていた指導方法は、根底から覆されるようになってきました。多少の知識を身に付けても、スマホを駆使すれば容易に暗記した努力を乗り越えていきます。子どもたちが大人になったときにどんな困難が待ち受けているか予測できない、だから自分で困難を乗り越える経験をさせ、その力を身につけさせよう、これが今の考え方です。課題解決に必要な「知識・技能」を身に付けさせ、まわりの人と「思考力、判断力、表現力」を働かせながら最適解を見つける経験をさせる「アクティブ・ラーニング」を展開することを通して「主体的に学習に取り組む態度」を育む、ということが求められているのです。それでは、そもそも「主体的に学習に取り組む態度」は、どのように捉えておくことが必要でしょうか。

これまでの「関心・意欲・態度」の評価に関しては、例えば、正しいノートの取り方や挙手の回数をもって評価するなど、本来の趣旨とは異なる表面的な評価が行われているとの指摘もある。「主体的に学習に取り組む態度」については、このような表面的な形式を評価するのではなく、

「主体的な学び」の意義も踏まえつつ、子どもたちが学びの見通しをもって、粘り強く取り組み、自らの学習活動を振り返って次につなげるという、主体的な学びの過程の実現に向かっているかどうかという観点から、学習内容に対する子どもたちの関心・意欲・態度等を見取り、評価していくことが必要である。こうした姿を見取るためには、子どもたちが主体的に学習に取り組む場面を設定していく必要があり、「アクティブ・ラーニング」の視点からの学習・指導方法の改善が欠かせない。
また、学校全体で評価の改善に組織的に取り組む体制づくりも必要となる。

これは、中教審教育課程企画特別部会における論点整理（平成27年8月26日）の内容です。発表の数や提出物、忘れ物等で見取るのではないことはご理解いただいていると思います。見通しをもったり、課題解決に粘り強く取り組んだり（粘り強くとあることから、その時の正否に関わらず最適解に行き着こうとしていることが大切）、振り返りを通して自分の取組の良さや改善点を踏まえて次の課題に取り組もうとしているか、といった観点から見取りなさい、と言われているのです。ということは、それを見取ることができる授業を展開しなければならない、ということです。

ところが、現場の多くの声は「そんなことをするだけの時間的な余裕がない」というものです。果たして、それは本当でしょうか。なかには、どこの学校に行っても、どんな生徒集団でも業者テストの平均で地域一番の結果を出す先生がいて、その位の結果が出せているなら分かります。しかし、多くの授業は教科書をなぞるように展開され、先生の長い説明と、板書内容をプリントやノートに書き写すこと。申し訳ないのでときどき発問して、正解が出るとそれを良しとし。たまに話合いをさせると、事前にある程度説明しているから、ものわかりのいい生徒が中心になって正解が導かれる。結局いつも通り「できる子」の評価が高くなる。もともとできる集団なら結果もある程度で返ってくるから安心し、低いときには生徒のせい、家庭のせい、小学校のせい。1時間かからずに習得できる内容を、無用に多い説明と必要性を感じない活動で学ばせた気になり、成績の向上という結果には結びつかない授業の繰り返し…

ん？　私の授業の振り返りになってしまいました。テストで点数を取らせるために必要だ、という知識はもしかしたらもっとコンパクトなやり方で定着できるかもしれない。その知識を十分に与えないまま課題に取り組ませた方が、できる子できない子の差が小さくて活発な活動ができるかもしれない。たくさんの間違いの中から正解を見つけ出せるかもしれない。常に新しい授業を考え、挑戦しなければ、子どもたちのニーズに応えられないと思うのです。声かけの技法や意図をもった発問等はベテランの先生の方が上手かもしれませんが、「今求められる学力」を身に付けさせるための授業展開を発想する力は、若い先生でも負けないと思います。「自分流」をつくってもなお進化し続けられる「自分流」であって欲しいですし、成長し続ける「自分流」であることが大切だと思います。

私が教えた生徒の中に、1年生から3年生まで「オール5」の女の子がいました。優しくて友達に好かれる、笑顔の絶えない生徒でした。中3のある日、その子が私に質問をしてきました。「2分の1で割る、と言われたら2をかけるけど、それはなぜですか？　なぜそれで正解が出るんですか？」と言うのです。私が説明すると、その子はすごく納得した様子で帰って行きました。これだけ成績の良い子でも、ちゃんと理屈が分かってなくて解いているものって、実はたくさんあります。

しかし、授業では難しい理屈が丁寧に説明されてその上で練習に取り組みます。その理屈に興味がある子はいいですが、そこが分からない子は終了です。だから悪いと思いつつ、自分のクラスだけ帰りのホームルームで「インチキ解法」を教えて、「この時はこうする」という答えだけ出せる別のやり方を教えることもありました。数学や理科の問題は、特にたくさんやりました。一つ一つの理屈を理解することが好きな子は、その手立てを踏めばいいと思いますが、そうでない子は簡単に答えが出せる方法を教えてもいいと思うのです。「理屈は分からないけど正解は出せる」経験を重ねることで、「理屈も知りたいな」と思うかもしれませんし。新しい家電買っても、取説読まずに使うじゃないですか。困った時に開けばいい。

授業で発問してもなかなか反応がない、これもよくあることです。また、求めていない答えをどのように処理していくか、これも難しいものです。ただ、なぜ発問したのかを考えれば解決していく問題だと思います。発問は「誰かに正解を言わせる」ためにやるものではありません。多様な考えを出させたい時に使うものです。いつもの子が正解を言って、「いいです」「同じです」という声が当たり前になった教室で、自信のない子が勇気をもって発言できるでしょうか。「教室は間違うところだ」と生徒に言ってどうするのか。これは教師に対する言葉です。「僕はこう思うよ」「私はこうした方がいいと思う」という多様な考え方が教室に溢れ、それぞれの長所短所を考えながら最適解を導く。一人の頭の中では難しい「試行錯誤」をみんなの頭を使ってやっていく、この流れをファシリテートするのが教師の発問ではないでしょうか。そして、「いいです」「同じです」ではなく、「〇〇さん、すごい！」とか「なんで分かったの?」「いつ気がついたの?」「だったらこれをこうしたらどう?」など称賛の言葉やもっと知りたい、深めたいという言葉が出る集団に鍛えておけば、生徒にとって楽しい授業になっていくのではないでしょうか。そのような授業を展開して、初めて「主体的に学習に取り組む態度」を評価する材料が集まるのではないでしょうか。

「テストの点数は取れなかったけど、先生の授業は楽しいからがんばる」という生徒が増えれば、授業する側も楽しいじゃないですか。点数とれるようにもっとがんばらせよう、と思うじゃないですか。そして、そんな経験が子どもたちにとって、今、最も求められている力を育むんです。見えない未来の壁を自分の力で、自分たちの力で乗り越えようとする力になるんです。

授業改善がなぜ必要なのか

校長になって早く帰ることができるようになり、よくドラマを見るようになりました。その中の一つで考えさせられたものとして、「二月の勝者」という私立中学受験に向かう小学生と塾講師の物語がありました。一見、普通の感覚の持ち主のような井上真央さん演じる女性講師が、冷たい人物に見える柳楽優弥さん演じる校長から、教えるということの本質に気づかされていく内容でした。子どもの成績を上げなければ、実績を残さなければ生き残れない民間の塾の厳しさややり方は、公務員である私たちには共感しづらい部分が多いと思います。しかし、私を含め多くの教員の子どもが塾に通っている現状を考えれば、「学校」での指導だけでは難しいということを、学校の教師自身が認識しているのではないでしょうか。

私たちは、塾に勝てない言い訳として「生徒指導が必要ない」「理論ではなく答えさえ出せれば良い解き方を指導している」「邪魔なことをする子は辞めさせることができる」等々、「学校」が抱える様々な条件の下で指導することの難しさとの比較を上げると思います。私自身の指導がどうだったかを振り返ると、教師になりたての頃の指導は恥ずかしくて語れるものではありません。ただ10年目以降、研修の機会を多くいただくようになり、生徒が課題意識をもって活動できる授業づくりの手立てを考えて挑戦していくようになりました。自分自身がやっていることに疑問を感じるようになった私でしたが、そんな授業にしたいと思った原因の一つが、私が高校生の時の経験だったと思います。

中学生の頃まである程度授業が分かっていた私は、80点台のテストでも叱られるのではないかと緊張して家に持って帰っていましたし、高校入学時も360人中30番台で入学するくらいの成績を修めていました。数学・社会は得意でしたが、他の教科も苦手意識はありませんでした。そんな私でしたが、高校でも野球部に入部し22時前に帰り着く毎日でしたから、家庭学習はほとんどできていませんでした。高校の授業は楽しいものもありましたが、1時間中、一方的に話すだけの授業は退屈で、居眠りもよくするようになりました。その中でも特に、「私の授業は予習をしていなければ分かりませんから」と言う英語の先生の授業は、本当に全く分かりませんでした。生徒である私も、全く家庭学習しない自分が悪いのだと思っていましたし、英語が分からなくなっていく自分のことを諦めていたと思います。

その後、自分自身が中学校の教師になり、学級にいる様々な生徒と接する中で、全ての生徒の学力を保障することは当然のことと学びました。小学校の先生の授業を見て、中学校以上に丁寧に指導する先生の姿に、自分の指導を見直さなければならないという気持ちにもさせられました。そして、思ったのです。あの時、高校生の私に指導した英語の先生は、本当に教師だったのだろうか、と。様々な学力の子どもたちで構成された義務教育の教室と異なり、高校ではある程度同じ学力の生徒が集まります。特に進学校では、生徒一人一人に手取り足取り指導することはありません。授業が分からないのは教師の指導力の問題ではなく、生徒の責任として扱われていたと思います。つまり、生徒の学力や学習に向かうセンスに助けられているだけで、教師に「授業力」は必要ない、と考えられているようなものだと思うのです。一方的に話を続ける講義、プリントに重要語句を記述させて進められるだけの授業、ひたすら記憶することを求められる授業についていけずに苦労した高校生がたくさんいたと思います。

あれから35年以上が過ぎ、今の高校の授業がどれだけアクティブになったのかは分かりませんが、私が中学校教諭になってからの中学校における指導の進化の小ささを考えれば、劇的な変化は期待できないのかなと思います。今、周辺の多くの公立高校が定員割れを起こし、当時では考えられない成績で入学が可能になっています。私立高校に対する金銭的な優位性がなくなり、多くの中学生が多様性や将来の進路を重視して私立高校に進学しているのです。自分の授業についてて来られない生徒を置いていく指導が通用しない時代になったのだと思います。

私たちの働く中学校は「生徒を確保する」「進学実績を上げる」という努力は必要ありません。しかし、だからといって自分たちの「授業力」を上げないこと、「授業改善」に取り組まないことは正しいことでしょうか。塾や高校に突きつけられるような危機がないからこそ自分の授業に真摯に向き合い、子どもや家庭のせいにするのではなく、「自分ができること」を考えることができる、そんな教師になりたいと思うのです。

一緒に考える

毎日授業をしている私たちでも、自分の子どもや家族に何かを教えるときは、すぐに感情的になります。自分が理解できていることを理解してくれない相手の姿にイライラし、厳しい表現になってしまいます。相手も、間違えると怒られそうだからだんだん答えを書けなくなったり、考えることをやめてしまったりして、こちらの感情はさらに爆発しそうになります。こんな時、自分の伝え方に多様な引き出しがあれば、もっと柔軟に対応できるのかなぁ、などと思います。

私たちは「教える」ことを仕事としているので、何でも「教え」てしまいます。つまり、自分がもつ知識を（場合によっては、自分でさえ身に付けていない教科書の知識を）伝え、理解してくれることを求めるわけです。だから、理解してくれない相手は困った相手で、分からない責任は相手にあると考えます。

ダメな授業の典型として、生徒に意見を言わせる場面で、こちらが求めていない答えを言った子をスルーし、「他にいませんか？」と正解を言ってくれる子を探す授業があります。つまり、分かってくれている子の答えをつないで、学級全体が理解できた気になるわけです。そして、理解できなかった子の責任は本人にあり、そのような授業を積み重ねた上で最終的にCや、2、1という評価が与えられるのです。

授業中、多くの子は分かっていません。だから授業をします。生徒に意見を求める時は、「分かっていない」という大前提がなければなりませんし、そこからどのように授業を展開するかが重要になります。その子はなぜそのように考えたのか、他の子はどうなのか、どんな考え方が多様に存在するのかを模索しながら、生徒と一緒に考え、本当の答えを見つけていくのが授業ではないでしょうか。極めて基本的なことですが、それができる先生が授業のうまい先生だと思います。

教師に限らず、「教える」という行為は誰でも行います。その時、自分の知識を押しつけるのではなく、「一緒に見つけていく」「一緒に考える」ということを心がけ、相手と視線を揃えてみてはどうでしょうか。

第 4 章

学校行事への取組から

～ 生徒との一体感を得られる貴重な機会 ～

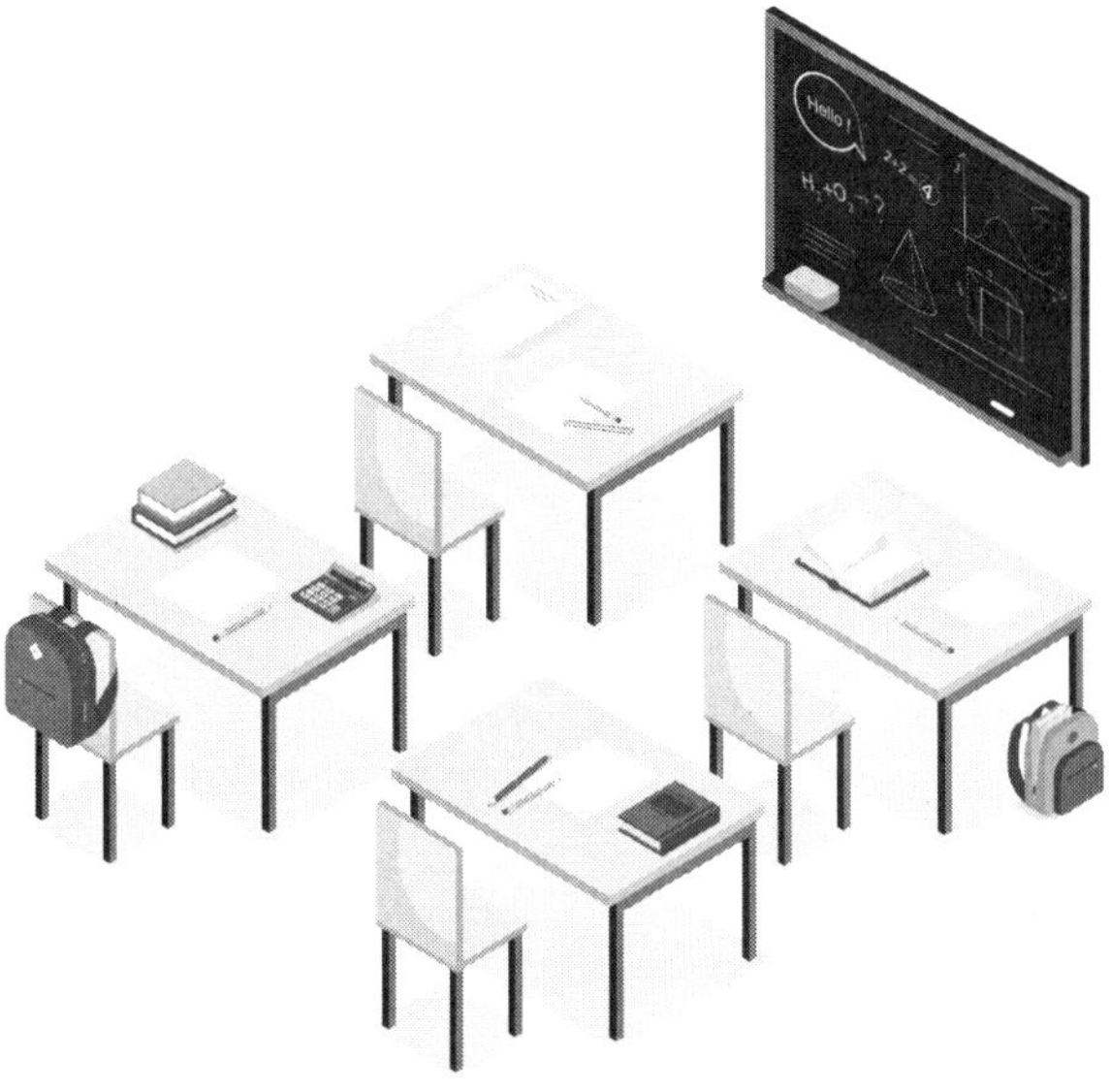

リーダーを育てる

良い集団をつくる上で重要なことの一つとして、「リーダーを育てる」ということがあります。中学生は入学してきた段階で、ある程度「リーダーの子」「そうでない子」に分かれていて、互いにそれを自覚しているところがあります。また、いつも「班長」にふさわしい人を選ばせ、彼らが自治的に班運営をできるように班長会議を繰り返す先生もおられます。それは一つのやり方として、あるのかなと思います。

しかし、私は班長を決めて班をつくるという手法は使いませんでした。ほとんどがくじ引きで座席や班を決め、班長はその中で自由に決めさせたり、じゃんけんさせたりしていました。生徒によっては、そんなところから私のことを「いい加減な先生」と思っていたかもしれません。ただ、時々話したのは「大人になるまで班長になる経験がなかったら、人生のどこかでリーダーになる機会があっても、尻込みして大きなチャンスを失うかもしれない。班長くらいは全員が経験して、リーダーというものを経験しておこう。」ということです。もちろん、このような決め方をした班、班長ですから、それぞれが鍛えられる場面を意図的に設定して、達成感を味わわせる必要があります。

修学旅行や体育会の練習など、集団訓練をさせるとき、前に立つ子の指導を一生懸命します。ただ、その指示を受ける大勢の側にどのような意識をもたせるか、ということはさらに重要なことだと考えます。つまり、「フォロワー」を育てるということです。リーダーの指示を受ける大勢が「その他の一人」という意識しかもっていないのか、「フォロワーという主人公」と考えているのかで集団の質は大きく変わります。集団の中で一人一人が主人公という意識をもち、その場その場で自分の役割を果たしていくことができるようにする、ということが、全ての子どもたちを大切にするということになるのではないかと考えます。

全ての子に「リーダー」も「フォロワー」も経験させ、それぞれの役割や苦労、やりがい等を理解させる意味で、「班長くらい、誰もが経験しないといけない」と話をしたつもりでした。学校には、大勢でがんばるという貴重な場面がたくさんあります。それぞれの場面で、一人一人に「大切な主人公の一人」と自覚できる経験をどれだけさせられるかが大切です。そして、それが学級担任のやりがいであり、子どもとの関係を深める機会だと思います。

体育会の成功に向けて（本番直前の通信から）

体育会まであと少しになりました。ここまで、生徒の成長のために各学級で、各学年で、またそれぞれの分掌で様々な業務を担っていただき、感謝申し上げます。さて、題に「体育会の成功に向けて」と書きましたが、それはもっと具体的にいうとどのようなものでしょうか。先生方お一人お一人でその具体は異なるかもしれませんが、やはり体育会の先にある生徒の成長した姿が対象になっているのではないでしょうか。

今回は、私の体育会での思い出として大切なものを二つお伝えします。

一つは、初めて赴任した学校でのことです。３年生の学級担任として予行練習に臨んだ日、情けない話ですが、この3年生の中にだらしない動きやいい加減な態度をとる生徒がたくさんいました。この時の保健体育の先生は20代～30代の若い先生が多く、日頃は明るく優しい先生方でしたが、体育会の練習期間は本当に空気が張り詰めていて、よりよいもの、より美しいものをつくりたいという「こだわり」や「プライド」がひしひしと伝わってきていました。ですから、自分の学年の、自分の学級の生徒がしっかりしていないことに申し訳なく、心から悲しい気持ちになっていました。閉会式の練習の際、校歌の声が出ていない７００人の全校生徒の前で一人の保健体育の先生が指揮台に立ち、たった一人、大きな声で校歌を歌ってみせ、「今笑ってたやつ、前でこうやって歌えるのか。そんな根性もないやつに笑う資格はない！」と生徒自身に歌えないことの情けなさを訴えた姿がありました。その姿を自分自身の反省として鮮明に覚えていた私は、先日、○○先生が全校生徒の前で校歌を歌う姿に、あの頃の熱い気持ちを思い出させてもらいました。

いろんなことがうまくいかずにグダグダな予行練習を終えて職員室に戻ると、私のすぐ近くの席の保健体育の先生は、荷物を片付けながら、見えないように悔し涙を流していました。体育会全体を運営しなければならない立場の先生になんて思いをさせてしまったんだと、全く役に立てていない自分のことを強く責める気持ちにもなりました。

それ以来、体育会では保健体育の先生に、合唱コンクールでは音楽の先生に、いかに気持ちよく運営してもらえるか、そのために学級担任として生徒に対して何ができるかを一生懸命に考えて、一職員としてプライドをもって取り組むことを心がけるようになりました。

もう一つの話は、最後に学級担任をした学校での話です。赴任した1年目、本当に荒れた落ち着かない学校でした。私は1年生の学級担任でしたが、全校生徒140名程度の小さな学校でしたから、全ての生徒に関わることができましたし、怒鳴ったり諭したりしながら、少しずつですが、多くの生徒が私の指導に従ってくれるようになりました。そして2年目、新しい保健体育の先生が赴任し、私と二人で2年生の学級担任をするようになりました。5月の体育会の練習期間、多少は落ち着いてきたとはいえ、まだまだできないことの多い学校でしたから、体育会の練習も満足いくものにはなっていませんでした。それでも私は、一人の教師として新しい保健体育の先生が気持ちよく指導できるようにしなければと、できることを考えながら一生懸命に練習に取り組ませていました。

しかし、全校男子による組体操の練習の際、保健体育の先生がそこに向かう姿勢や気持ちの在り方について厳しい話をしました。その後を受けて、私は彼らの前で「君たちと過ごしたこの1年間は何だったのか。多少は君たちを成長させられることができたと思っていたけれど、自分にはこんなに力がなかったのか。体育会の練習中に、保健体育の先生にこんな話をさせることは、教師としての恥だと思っている。たったこんなことができないくらい、私と君たちとの時間はつまらない時間だったのか。」と少し涙を流しながら話をしました。教師が泣いたって多くの生徒の心に響かないことは百も承知ですし、話の最中に涙を流したこともありませんでしたが、この時はこらえることができませんでした。ただ、不思議と私の視界にヘラヘラと笑う姿はありませんでした。その日の夕方には、その場にいなかった3年生の女子が何人も寄ってきて「男子がみんな『佐藤はすげえ』って言ってます。私たちも先生の話が聞きたかった。」と言って来たんです。正直、涙を流して「失敗した」と思っていましたので、これは本当に予想外でしたし、「分かってくれる子たちになってきたな」と嬉しくなりました。

学校行事の取組は大変です。特に中心になっている先生たちのご苦労は、本当に大きなものだと思います。だからこそ、そんな先生方の「こだわり」や「プライド」が実を結ぶように、まわりの教師がどこまでできるのか、それがとても大切だと思うのです。

「体育会の成功」は、これからの生徒の成長、集団の高まりにつながることはもちろんですが、私たち教職員の成長もその対象になっていると思います。自分の学級に、学年に、学校に対して、自分自身に何ができたのか、どんなことを貢献できたのか、次は何ができるようになりたいのか、そんなことを私たち自身も振り返ることが大切ではないでしょうか。

本番まであと数日、よろしくお願いします。

体育会での取組を通して　①

私が学級担任をしていた頃の学校は、いずれも5月に体育会（学校によっては体育祭、運動会、体育大会等でしょうか）が行われていました。ですから新しい学年になってすぐに、この取組を学級づくりの第一歩としていました。

初めて赴任した学校のメインイベントは「学級全員ムカデ競走」でした。学級全員が一列に並び、一本の長いトラロープに結び付けられた「ストッキングで作られた輪」に足を通します。そして、学年ごとに5～7のクラスがおよそ50mの直線を一斉に走ります。この競争に勝つために、朝や放課後の時間を使って2週間の練習に取り組むわけですが、簡単に前に進まないことは容易に想像できると思います。日々の練習を見ていると、やはり指導力のある先生のクラスはすぐに前に進むようになり、どんどん速くなっていきます。なかなかうまくいかない学級は、それを横目で見ながら生徒だけでなく担任も不安になっていきます。なにしろ、本番の最後の種目。全員がこの勝負に賭けていることを保護者もみんな知っています。それぞれの学級担任は、生徒以上に緊張していたと思います。

私も初めはなかなかうまくいきませんでした。しかし、やっぱり負けるのは嫌。うまく走るクラスの練習を誰よりも真剣に見て、何が違うのか、どうやって生徒を動かしているのかを学びました。例えば並び方。先頭の数名には脚力のある大柄な男子が目立ちました。足が早くない子やタイミングを合わせられない子をどこに配置するのか。また、気になったのはロープに結んだ縄の間隔。学級によって様々ですが、早いクラスには様々な工夫が施してあります。練習する度に結んだ位置もずれるので結び方にも工夫が。声の出し方も多くが「イチ、ニ、イチ、ニ」ですが、学級独自の２文字の言葉を繰り返す学級もあります。そんなたくさんの情報を自分なりに整理し、自分のクラスでも試してみました。その際、私が意識したのは、一つ一つの指示について何故そうするのかという意味を丁寧に説明し、納得させ、「先生の言うことを聞いていたらうまくいきそうだ」と思わせるようにしたことです。練習をしていると何度もこけてケガをします。その度に「誰〜！」と失敗の犯人探しをする声も出ます。ただ、横から見ていると必ずしも初めにつまずいたり足が合わなかったりしてミスをした生徒がこけているわけではありませんでした。ミスがありながらも何とか進みますが、そのずれに耐えられなくなった真ん中辺りがよくこけてしまうわけです。それに気づいた私は、そのことを伝え、「誰〜！」って言いたくなっても「ドンマイ」「がんばろー」って言おうよと指示を出しました。私なりの理屈、説明に納得できれば、生徒はちゃんと言うことを聞いてがんばってくれるようになります。生徒以上に考え、がんばっている姿を教師が見せることは、学級内の互いの距離を縮める1番の手立てだと思います。

ちなみにこの学校で8年間ムカデ競走をしましたが、最後の年は40人でつないだムカデ、50mという距離を11秒で完走させました。学級で一番足の遅い子の全力疾走に匹敵するタイムでした。それでも「ハナ」差の2位。大泣きする生徒たちから素晴らしい2週間を与えてもらったことに感謝し、今でも大切な思い出になっています。

体育会での取組を通して ②

2校目に赴任した学校のメインイベントは「30人31脚」。といっても学級全員でつなぎますから、人数はそれぞれ異なります。35名程度の学級が多かったように思います。この学校に来て5月の体育会の練習が始まると、それまでとは異なることに戸惑いました。朝練習をしているクラスがないのです。というか、そもそもそういう文化がありませんでした。ですから、体育科の先生に「朝練していいですか?」と尋ねるところから始め、OKをもらってから全校で1年生の一クラスだけの朝練習が始まりました。生徒は文句タラタラ。「なんでうちのクラスだけ?」とやる気ゼロの子たちが嫌々やらされる練習のスタートでした。初めのうちは他のクラスの生徒も笑いながら見ているだけでしたが、一クラスだけが少しずつ進むようになると焦りが出てきたのか、朝練習が始まるクラスが出てきました。こうなると黙っていないのが職員集団です。「そもそも朝練習はしてもいいのですか」「私は早く出勤できないので、うちのクラスは朝練ができません。不公平じゃないですか」等々、反対意見にあいました。しかし、体育科の先生に許可を得ていたのが大きく、朝練習のルールを整えて全職員で協力して面倒を見るということでまとまっていきました。

年を重ねるとこの種目に対する生徒の向き合い方も熱くなり、どのクラスも一生懸命に練習に取り組む姿が見られるようになっていきました。そんな中、私は他のクラスとは異なる練習方法を取り入れました。それは、「うちのクラスは他のクラスとは違うんだ」という、ある種の特別感というか一つ抜け出した形のまとまりを感じさせることがねらいでした。まず、運動場ではほぼ指示を出しませんでした。どのクラスも横に並んで足をつないで「1、2、1、2」と駆け足の練習をたっぷりやって息を合わせようと必死です。そんな中、私は少し離れた高い場所から枯葉を掃きながら見ていました。実は、学級で練習方法についての調べ学習をさせ、自分たちの練習プランを作らせて、3人のリーダーを中心に自分たちで練習に取り組ませていたのです。といっても、より良いと思われる練習方法は私も調べておき、最終的にそこに落ち着くように話合いをコントロールしていましたが。

グループを三つに分けること、駆け足はしないこと、2人集まればすぐに2人3脚から始めること、どちらの足からでもスタートできるように練習すること、目線の位置や腕の組み方、ベストな並び方等々、他のクラスが一つか二つの課題に取り組んでいるときに、いくつものできることを増やしていくことで、確実に力の差をつけさせていきました（「指導したくてたまらない先生が放置されている君たちを見ていろいろ教えてくるかもしれないけど、笑顔で『ありがとうございます。』といって、無視するように。」という教えは面白がってよく聞いてくれていました。悪い話ですが）。

この競技の取組で心がけたのは、「自分たちで考えて、自分たちで取り組んでいる」と思わせることと、先生のヒントで大きく改善されるという信頼関係を作り上げることだったと思います。ただ、これは今求められる「主体的に学習に取り組む」という授業の在り方とつながっているのではないでしょうか。

ちなみにこの学校で最後の年、3年生の学級担任兼学年主任だった私は、体育会終了後、3年生全3クラスの生徒に「記念に学年全員で走ろうよ」と声をかけ「80人81脚」に挑戦させました。

ずっとやってみたいと思っていたのですが、本番終わるまでに勝手なことをしてケガ人を出してはいけませんし、提案して拒否されることも予想されたので、このタイミングでゲリラ的にやるしかない、と思っていました。生徒はみんなやる気満々でしたから、さっと並べて準備しました。片付けの最中だった他の学年も何事かと見ていましたが、スタートのピストルとともに走り始める姿は圧巻でした。完走とはいきませんでしたが、大きな拍手に包まれたくさんの笑顔が溢れて、とても良い経験でした。それから数年間、この学校では３年生が体育会の記念にと引き継いでいってくれたそうです。

体育会での取組を通して ③

３校目の学校のメインは「大縄跳び」でした。場所によっては「長縄跳び」とも言うそうです（学級全員が一斉に縄跳びをするやり方で、一人ずつ連続で跳ぶものではありませんでした）。一定の時間内で、連続して跳ぶことができた最長の回数が記録になるルールでしたが、だいたい連続50回跳べば全校優勝できる感じでした。私のクラスには特に背の高い男子生徒がいましたが、彼は同じペースでリズムよく跳ぶことが苦手な生徒でした。そこで力持ちでもある彼は、必然的に縄を回す係になりました。そして、いざ練習を始めてみると、また大きな問題にぶつかりました。彼は、「いーち、にーい、さーん、しーい」と一定のリズムで回すのですが、10を越えると途端に、「11 12 13 14…」と一気にスピードアップ。とても跳ぶことができない速さで回し始めるのです。私が横について一緒に数えても、どうしても加速していきます。どうしてもうまくいかない中、他のクラスの練習を眺めているとあることに気づきました。それは、20回～21回、30回～31回といった10の位が変わった直後によく引っかかっている現象でした。偶然なのかもしれないとは思いつつも、10回クリアして安心しているのか、若しくは数える言葉が変わってタイミングがずれるのか、などと原因を考えていました。そこで「10まで数えたら、また1から数える。これを繰り返したらどうだろうか。」と思いつきました。学級では、「まず10回を１００％跳べるようになる練習をします。」と説明し、練習に取り組みました。10回できたら止める、これを繰り返して、飛び終えた時の場所を確認する。飛び始める前から自分がどのくらい、どの方向へ動いているかを確認させ、できるだけ動かないように意識させました。並ぶ順や前後、横との距離を調整し、確実に10回跳べるようになることだけを意識させて練習に取り組ませました。今思うと、私のクラスだけ部活動の指導みたいになっていました。他のクラスが「30回跳べた」「40回行けた」という言葉に焦りを感じる私のクラスの生徒でしたが、予行演習前日に初めて、「じゃあ続けて跳んでみようか。ただし、いつもの10を繰り返すだけ。数え方も１～10の繰り返し。10を何セットできるか、それだけ。」と続けて跳ぶことを認めました。すると、あっという間に50回。隣のクラスも体育科の先生のクラスで、さすがに指導が上手。だからこそ倒し甲斐もあって、残り数日の練習は2クラスの競り合い。本番は94回を跳んで堂々の優勝。１００回跳ばせられなかったのが贅沢な悔いでした。ただ、本番で、一生懸命に縄を回し続ける彼に「がんばれ！　がんばれ！」と声をかけながら跳び続ける普段はやんちゃな男子の姿を見ながら、「がんばらせて良かった」と心から思いましたし、運動場を完全に支配した空気の中で笑顔でハイタッチする姿があって、その子ち一人一人の頭をポンポンしながら褒めるシーンを得られたことは本当に幸せでした。他学年の先生から「感動しました。」「先生の接し方をずっと見ていて勉強になりました。」などの言葉をもらうと、ちょっと役割を果たせたかなとも思いました。この年から、この種目では１～10を繰り返す数え方がブームになりましたが、その意味と練習内容は伝えませんでしたから、記録を塗り替えられることはありませんでした。

学級で困難さを示す生徒を中心に考えた時、新しいことに気がついたり誰にとってもやりやすい方法が見つかったりするんだと思った時、ちょっと「ユニバーサルデザイン」の学級づくりだったかな、と思うことができました。

合唱コンクールの取組を通して

合唱コンクールは、大好きな取組の一つでした。体育会で学級が一つになって取り組むムカデ競争や大縄跳び等とともに、合唱コンクールは自分の学級の姿を多くの人に披露するわけで、担任の力量が問われるような気がして、力が入りました。特に、運動部をやってきた経験から体育会の指導は苦になりませんでしたが、音楽の指導経験はありませんから合唱指導は難しいものでした。同じような思いをした先生も多くおられると思います。

しかし、そんな思いがあるからこそ合唱指導は楽しいものでした。自分自身が試されているような気持ちになりますし、子どもたちが恥ずかしがることなく笑顔で歌える姿は本当に感動をもらえますから。初めは男子の声を出させること、恥ずかしがってふざけた態度しか取れない男子を男前にするところから始まることが多かったです。学校が成熟してくると上級生のお手本があったり、過去の素晴らしい動画を見せることができたりして、「そんな歌を歌おう！」とリーダーが現れます。

では、学級担任としては何をするか。

私がしたことをいくつか紹介すると、音楽の先生からＣＤを借りて、全部のパートを歌えるように練習しました。パート練習に時間を割きましたが、そこで正しく歌うことができているか、確認できなければなりませんから。パート練習を充実させるために、自腹でＣＤプレイヤーを何台か買ってきたこともありました。

ネット上には合唱曲の指導法はいくつもありますから、情報を集めて、さも自分が考えたように教えていました。歌詞を書いた模造紙に様々な色のマジックを使ってポイントを書き込み、あえてハードルを上げて取り組ませました。

本番の前日には、それまでの取組の評価をし、価値付けをしました。結果が出た後では、自分からの評価が結果に左右されたり、慰めに聞こえたりすると思ったからです。とにかく、担任の役割を探りながら、自分にできることを見つけることに一生懸命でした。

そんな経験の話のついでに、私が個人的に思っていたことを書きます。私は、素人が審査する合唱コンクールの場合は、グランプリ制度はなくてもいいと思っています。グランプリがあると勝ち負けがハッキリしますから、動機付けしやすいですし、指導もしやすいと思います。ただ、見た目にハッキリと優劣が分かる体育会とは違い、素人の（管理職やPTA会長、地域のおじいちゃん等々）審査員の点数で決定するなら、本当の1番なのか怪しい結果となります。学級が一つになって取り組み、本当に素晴らしい歌を歌っても、正しいかどうか分からないグランプリの発表で悲しむ生徒の姿を見るのは耐えられないのです。

最初に勤務した学校はグランプリがありませんでした。生徒の中には、複数の金賞の中でどのクラスが良かったか優劣が知りたいという声もありました。私は3年担任の時、学年全体が集まった中で、「後輩のために、5クラス全てが金賞を取って、こんな歌が歌える3年生を目指して欲しい、というメッセージを残そう」と話をしました。それまで3年生全クラスが金賞、という結果を見たことがありませんでしたし、「銀賞以下だったらどうしよう」という不安を抱えた生徒もたくさんいる状態でしたので、この話を実現することは「不可能ではないか」と思う生徒が多い状況でした。

その年の本番当日、生徒席に座り全ての合唱を聴き終えた瞬間、まわりに座っていた何人もの3年生が「これで全クラス金賞やね」と笑顔で語り始めました。学級ごとの優劣ではなく、全員できちんと結果を残せたのではないかという喜びの笑顔が並んでいました。「この子たちは素晴らしいな」「良い学年集団ができたな」と嬉しくなったのでした。

合唱コンクールや体育会は、子どもたちを、集団を、そして教師を育てる素晴らしい機会です。

第 5 章

教師という職業への向き合い方

～「素晴らしい職業」と思えるようになるために ～

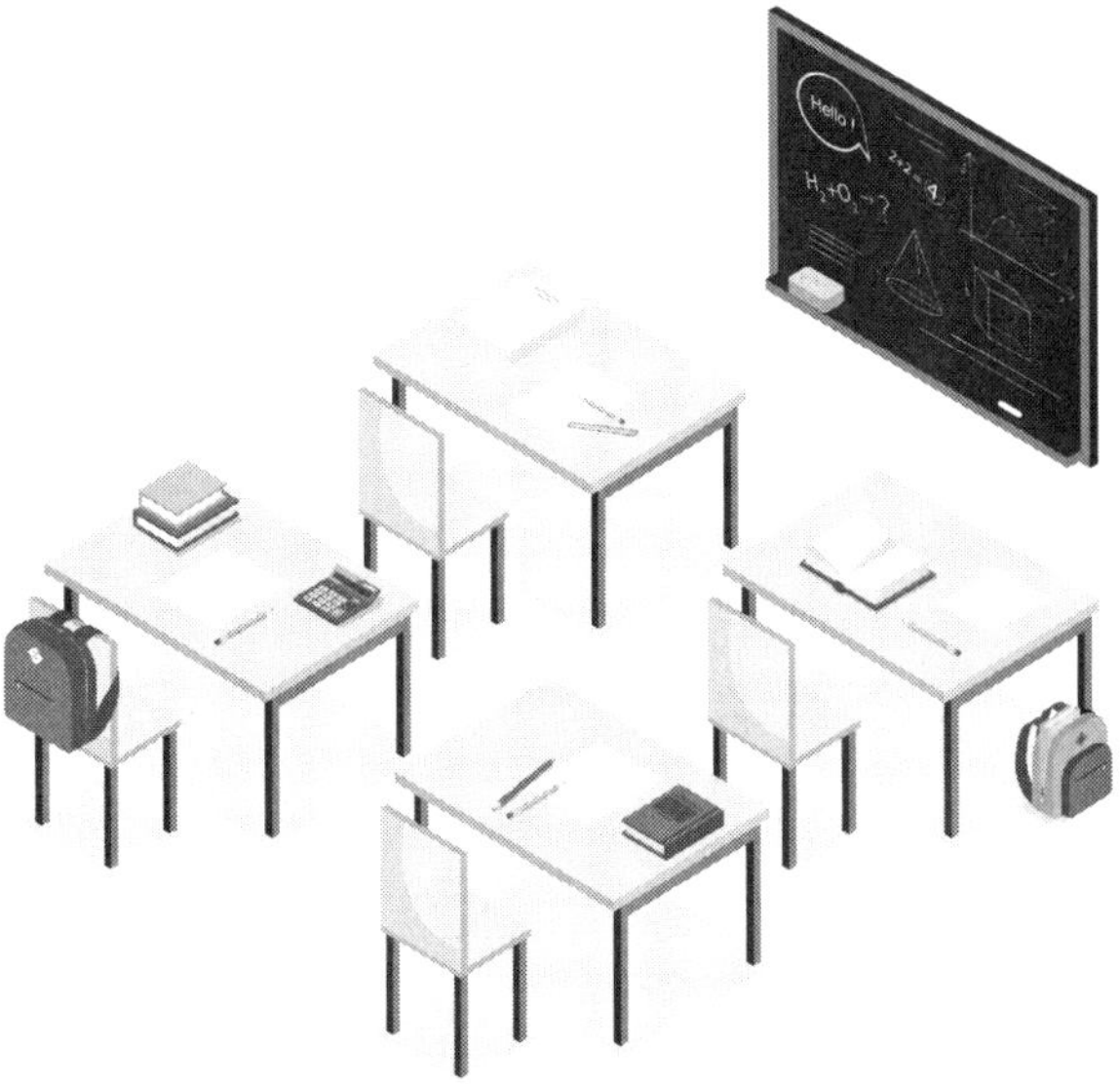

忙しいということ

春から新しい現場で新しい職名になると、多くの方と挨拶をする度に「忙しいですか？」と聞かれます。その際、いつも「『忙しい』と答えた方がいいのか、『そうでもない』と答えた方がいいのか。『忙しい』って自分で言うのもどうかと思うし、『そうでもない』っていうのも偉そうだしなぁ。」と悩みます。

教師の業務については、勤務時間や量の問題から「多忙」「激務」「ブラック」などと言われます。確かに、多様な業務内容や責任の重さなど、大変であることは間違いないと思います。しかし、だからと言って胸を張って「忙しい」と言いながら働くのはどうかと思っています。

ある日、一緒に働く若い先生から、経験2年経過研修で代表授業をするので、私のクラスで授業をさせて欲しいと頼まれました。その先生は、初任者研修でも代表授業をしています。対象者は10名以上いるにも関わらず、同じ先生が頼まれたわけです。

引き受けた彼女は素晴らしいと思います。しかし、他の先生方が引き受けなかった理由の多くが「忙しいから」ということだったことを知り、とても残念な気持ちになりました。

私は、「忙しい」という言葉はできるだけ使わないようにしてきました。私よりも忙しい保護者はたくさんいますし、それを目の当たりにして育っている生徒の前で忙しそうに振る舞ったり、忙しいと発したりすることは恥ずかしいと思っていたからです。おそらく、「忙しい」に値する勤務もあったと思いますが、私は楽しかった思い出の方が多いですから、苦にしたことはなかったと思います。仕事を頼まれる自分が誇らしかったり、期待に応えて嬉しかったり、若い頃は単純にそう思えていました。

忙し過ぎて病気になってはダメですし、働き方改革で勤務時間を減らす努力も大切です。ですから、私が書いていることは適切ではないかもしれません。ただ、どんな仕事でも最初はよく分からなくて、辛くて、大変ですが、それを乗り越えて楽しいと思えた時、いや楽しいと思えるように自分を変えられた時、「忙しい」を発しなくてもよくなるような気がします。

教師1年目、指導主事1年目は不自由が多いので辛いことが多かったです。でも、やることが見えてくれば、だんだん楽しくなって「忙しい」を言う必要がなくなってきました。他人から言われた仕事は小さなことでもしんどいですが、自分がやってみようと思った仕事はどんなに大がかりでも楽しいものです。そういう意味でも、自分で考えて新しいことに挑戦するのは、大切なことではないかと思います。

「人権感覚を磨く」という言葉について

1年生の前でお話をする時間をいただき、その時の生徒の感想に次の文がありました。

校長先生の話を聞いて、自分の生き方を見直すことができました。話の中で、善悪で判断してはいけないことを知って、今度からはそのようなことをしないようにしようと思いました。

ん？　という文です。実は「善悪」と書いているところは、正確には「正しい」か「正しくない」かという言葉で考えているというものです。

人はみんな自分のことが「正しい」と思って生活しています。例えトラブルがあっても自分が悪いのではなく、相手が悪いのだと考えているのです。だから、一人一人の中の正義だけで判断していても何も解決しないんですよ。

という私の話から、この感想は書かれています。

私自身、振り返ると、消したい過去が山のようにあります。部活の試合中、相手校の態度の悪さに対して失礼な発言をし、多くの顧問に迷惑をかけたこと。生徒を指導する際に、私が安易に発した言葉で生徒にきつい思いをさせてしまったこと。そして、その努力すら鼻で笑って傷つけたこと。汚い表現を使ったことで保護者から指摘を受け、校長に付き添われて謝罪に言ったこと。等々。今となっては、本当に恥ずかしく、申し訳ない気持ちでいっぱいになります。そして、何よりも反省すべきことは、その時の自分は「それでも自分が正しい」と思っていたということです。自信家で傲慢だった私は、たくさんの成功の影に、たくさんの被害者をつくっていたと思うのです。

私が思う「学校の先生」像の負の部分に、この「自分は正しい」があると思っています。一生懸命働いて、子どもたちを大切にしている。学級の笑顔のため、子どもたちの「分かった！」のためにできることを考え、しんどい子を見つけたら手を差し伸べる。そんな私が「正しくない」はずがないのです。だから、「正しい」はずの私たちは変化を好みません。自分の成功体験をもとに（いや成功体験に限らず、あらゆる経験をもとに）、「今の自分が正しい」と思えば、変われと言われても変わらないし、異なる考えに対しては「そんなこと言う方が悪い」と否定します。

指導主事時代は本当に苦労しました。10人受講者がいたら、2～3人は必ず否定から入る人がいます。「現場は大変なんよ。だいたいあんたがどれだけのもん？」という視線が突き刺さってきます。「発言時間は1分です。」と言っても平気で5分話す人。話したかと思えば他の人の話は全く聞かない人。自分が話す機会だけが大切で、他人の話なんて聞かないんですよね。だから寝ちゃうんです。それでも寝た自分が悪いんじゃなくて、話している相手が悪いんです。研修後のアンケートも、多くの方から（配慮して）優しい文を書いていただくと「やってよかったな」と嬉しくなるのですが、なかに必ずいるほぼ「オール1」を付ける人の「前の席の人の体格が大き過ぎて見えにくい」「女子トイレが少ない」「この時期は○○発表会があるから時期を変えて欲しい」等、無理・難題を平気で書ける感覚に悲しくなるんです。

「教師自身が人権感覚を磨かなければならない」とよく言われます。でも、多分、そう言っている人自身は「自分は大丈夫」と思っているのではないでしょうか。自分は正しいから。声高に、当たり前のようにこの言葉を発する前に、自分のできていないところをきちんと正すことができるようになりたいですね。教室に、自分の言葉のせいで辛い思いをしている生徒はいないでしょうか。授業を盛り上げるため、自分の指導力があるように見せるため、生徒に好かれるために、犠牲になっている生徒はいませんか。職員室に、自分の態度で悲しい思いをさせている先生はいないでしょうか。自分の承認欲求を満たすため、不満を解消するために、できていないことを隠すために、心ない言葉を発したり、他の先生を見下したりしていませんか。助けが必要な先生がいませんか。

そんな私が心がけていること。それは「みんな私に頭を下げているのではなく『校長』という役職に下げている。だから私という一人の人間に頭を下げてもらえるようにならなければならない。」ということです。でも、そのために何かできているのかなぁ、何もできてないかなぁ、と反省して口ばっかりです。

先生の言葉遣い

それぞれの家庭で親が子どもにかける言葉遣いは異なると思います。厳格で極めて丁寧な言葉遣いが求められる家庭、友達のように親のことを下の名前で呼ぶ家庭、すでにルールもなく乱暴な言葉が飛び交う家庭。それは、親の性格や子どもへの姿勢についての考え方など、様々なことをもとに「家庭の個性」として存在し、他人からとやかく言われても変えることがないものだと思います。

それは学校でも見られることで、教師の言葉遣いに対する姿勢は様々のようです。生徒に正しい言葉遣いを教えなくてはならないとは思いつつ、良好な関係を保ち、（少し乱暴な言い方ですが）生徒をうまくコントロールしたい、面倒なことを避けたいなどの気持ちから、ついつい言葉遣いが甘くなってしまうことがあります。また、逆に絶対に丁寧な言葉遣いしか許さない先生もいます。ただ、生徒には厳しいのに自分の言葉遣いは乱暴だ、というのでは困ります。

私も、特に若い頃はひどい言葉を遣っていました。勢いやその場のノリで話すことも多く、それでも生徒から支持されたり、問題を解決できたりした経験を通して、「自分のスタイル」だと思うようになっていました。しかし、不登校の生徒を生んだり、生徒からのダメ出しにハッとさせられたりした経験から言葉遣いを意識するようになり、少しずつ丁寧な言葉遣いを心がけるようになりました。

教師の大きな役割に、生徒指導があります。全ての先生が、いい学校、いいクラスをつくりたいと思っていますが、うまくいかないこともよくあります。

ただ、どの学校にもそれが上手な先生がいます。そんな先生の姿から生徒指導を学び、少しずつ自信を得ていきます。そして、そんな経験を通して成功体験を繰り返すと、そのやり方が絶対のように思えていきます。その時、教師は自分のスタイルを変えられなくなったり、自分のやり方に対する不安を全く感じなくなったりします。そんな横柄な意識が、相手を大切にしない言葉を発する、常に生徒を上から見て指示する先生を生み出してしまうような気がします。

時々、教師の態度が生徒を追い詰めたと問題になることがありますが、これは誰でも陥る可能性がある問題だと思います。常に「大人対子ども」という強弱、上下になりやすい関係を意識しておかなければ、気づかないうちに大きな力で生徒を傷つけてしまいます。

うまくできている時こそ「自分のスタイル」を疑い、常に新しい考え方や手立てを学ぶことができる教師でありたいと思います。

目的（目標）と手立て

私が長期研修員だった頃、多くの方の研究計画書審議会で「主題と副主題がねじれている」とか「主題と副主題が逆じゃないか」などということをよく耳にしました。その頃の私にはさっぱり意味がわかりませんでしたが、「目標と手立て」に置き換えれば分かりやすいと気がついたのはずいぶん後でした。私たち教師の日常は、手立てが目的化してしまっていることが多過ぎて、様々な場面で本質から外れた行動をしていると思います。

例えば、校則についてですが、規則を守る意味を考えて、自ら規律正しい生活ができる人を育てることが目的であるはずです。しかし、規則を守らせるという手立てが目的化して、生徒が形として規則を守っている状態に満足し、大人の前でだけ規則を守っているふりをする子を何人も育ててしまいます。

授業においても、ＩＣＴ教育、協働学習、キャリア教育…様々ありますが、どれもそれを通してどのような子を育てるのかという目的が忘れられて、それぞれの学習の進め方ばかりに目が向いてしまいます。ＩＣＴ教育の目的よりもＩＣＴを使わせているという事実が大切にされ、身につけさせたい能力よりも話合いをして発表したという事実が大切にされます。「なんでもいいからとにかくこの手立てを授業に入れろ」と学習内容とはあわないのに無理やり取り入れた手立てを研究授業で見せられることが多くあります。

家庭学習もそうです。「家庭学習の定着」「学習時間の増加」ばかりに目が向いて、家庭学習で具体的にどんな力を身につけさせたいのか考えていない。確かに、家庭学習が定着している子の方が成績が良い場合が多いです。しかし、だからと言って無理やり同じ字を何度も書かせて、できてなければ居残りや減点。これで本当に成績が向上したのかも検証せずに安心する。手立てが目的化した典型です。親からすれば効果的な宿題を出してくれているものと信じているし、量的に不十分と感じたら「家庭学習の方法を教えてください」と言いたいはずです。私たち教師は果たして、本当に効果を期待できる課題を与えているでしょうか。その効果こそが宿題をする目的であるはずですが。

一般の社会でも目的と手立てが逆転してしまうことがあるでしょうが、学校のその量の多さが、昔から言われる「だから先生は…」につながっているのではないか、と考えてしまいます。

病院で思ったこと

私は若い頃から消化器系が弱くて大きな病気もしましたが、現在は「逆流性食道炎」くらいで済んでいます。といっても薬を飲まないと、すぐに胸焼けが激しくなって、好きなお酒が飲めなくなってしまいます。困ったものです。ということで、先日かかりつけの病院に薬をもらいに行きました。受付には3～4名の女性がいて、いつも丁寧に対応してくれます。その日も、名前を呼ばれて薬をもらいながら会計をしていたのですが、突然、奥の方から年配の女性がやってきて、受付の人たちに「うちでは予防接種ができないと言われた、と苦情が入っていますが、そんなこと言ったのですか……（何かいろいろ言っていました）。ちゃんと対応してください!!!」と、かなりの口調で叱責を始めました。すると、カウンターで何かを書いていた高齢の男性が「できないと言われたのは私です！」と言って、いかにも怒っているような態度を見せました。叱責した女性は、その男性に「すみません」と言った後、「ほらごらんない！　こんな思いをさせてどういうつもりですか！」とまた大きな声で叱り始めました。私は、げんなりした気持ちで病院を後にしました。元気の良い日なら「そんな言い方やめなさい。みんな具合が悪いのに、そんな言われ方聞いたらもっと気分が悪くなる。分からないですか？」くらい言うんですが（だからうちの家族は、お父さんが何か言いそうな雰囲気の時は他人のように離れていき、あとから「恥ずかしいからやめて」と嘆きます）、その日は胃痛のため、そこまでのエネルギーがありませんでした。

ものには言いようがあります。言っている方は、自分が絶対の「正義」だと思って話しています。確かにそうかもしれません。しかし、その言い方で相手が動くのか、変わるのかというと、それは別の話です。感情に任せて「自分の正義」を振り下ろしても、それは結局相手を思ってのものではなく、自分の感情を満たすため、自分の考えの正しさを貫くためだけのものになってしまいます。自分の言動を「正義」だと思い込んでいる人って、本当に面倒くさいと思います。

私も、生徒に対して優しく言えば済むところを激しい口調で注意したり、生徒のできていないことばかり口にして接したりしていました。「髪！」「ベルト！」「シャツ！」「うるさい！」「遅刻！」……等々、どれも生徒ができていない部分で、「注意している自分の言い分が１００％正しい」という意識でいました。それでも多くの生徒が言うことを聞いてくれたのは、私の体格？　意地悪な性格？　何のお陰だったかは分かりませんが、嫌な思いをさせたことがたくさんあっただろうなと反省します。

子どもは失敗します。大人よりも。自分がやっていることが正しくないと分かっています。でも、何か理由を付けて自分を正当化しようとします。自分の心を守らないといけないから。大人として厳しく言うときも必要ですが、そのタイミングがいつなのか、いまだに難しくて考えてしまいます。先生はみんな、基本的にいつも正しくて、発する言葉は「それは、そう」と納得できることばかりです。自分の言っていること、指導は「正しい」と思っています。だから、生徒にとって面倒くさい存在です。特にがんばることができていないと自覚している生徒にとって。

なかなかできないことですが、生徒に10個厳しいことを言ったら、20個良い所を伝えたいと思っています。「そんなに良いところはない」と思う子も、それは自分に見る目がないだけ。がんばって、「注意」した以上に「褒め」の言葉を使いたいですね。

教師と保護者

学校の先生は、日頃からずっと年下の子どもとばかり接しているので、保護者とコミュニケーションをとることを苦手だと感じている人も少なくありません。子どもの多様な個性は受け入れられますし、それらをまとめながら学級経営することに苦労はしても、教師としての喜びも感じます。しかし、大人の多様な個性はなかなか面倒です。

「モンスターペアレント」という言葉ができて10年以上になりますが、嫌な響きです。私も数人の友達から、「学校にこんなこと言いたいけど、モンスターって思われるだろうか?」と尋ねられたことがあります。私はいずれの場合も「いや、言っていいよ。それは学校ががんばらないと。」と答えました。

保護者が何かを言いたいときは、必ず、何か先生に「分かって欲しいこと」があるわけです。しかし、その「分かって欲しいこと」よりも、「保護者の表現の仕方」によって慌てたり、のんびり考えたり、横柄に構えたりしてしまう先生もいます。激しく興奮して話す保護者、被害者という意識が大きくなり過ぎて訴えたいこと以上の要求をしてしまう保護者、心の中ではすごく怒っているのにとても優しい表現で遠慮がちに話す保護者、様々いますが、教師がその内容に目を向けず表現の仕方だけにとらわれてしまう時、信頼関係を損ねてしまうのではないかと思うのです。

教師は、それぞれの保護者が何を訴えているのか、その意味をしっかりと探り、「こうだからお話に来たんだ」「実はこういうことを言いたいんだ」と理解した上で、その感情や思いに共感できることが必要だと思います。そうすれば、自分の対応の仕方ややるべきこと、要求の代わりにできること等が見えてくると思います。

保護者も子どものことで理不尽を感じると、感情に任せて訴えたくなることもあると思います。また、「ここは親としてがんばるところ」と親子の絆を強める意味も込めて訴えることもあるでしょう。でも、やっぱり話を聞いてもらうためには、本当に伝えたいことをしっかりと丁寧に伝えることが大切ではないでしょうか。

そして、間違いなく言えるのは、両者ともに「子どものため」に話をすることです。いつも子どものための言動をしているつもりでも、もう一度しっかりと「自分が言っていることは、本当に子どものためなのか」と疑うことができなければならないと思います。両者でより良い「子どものため」を見つけられるように歩み寄れる力量を、それぞれにもちたいものです。

私は、どんな保護者であっても、「モンスター」と呼ぶ先生に出会った時、悲しい気持ちになるとともに、そう思わないことの大切さを伝えられるようになりたいと思います。

親という役割

私は2人の娘の父ですが、親として子どもをどう育てていくかということは、正解がないだけにとても難しい課題です。私の場合は子育ての過程が2回ずつしかないわけですから、ベテランになる間もなく親の役割を果たさなければなりません。多くの方も私と同じだと思います。わずかな経験を頼りに子育てをする過程では、様々な悩みを抱え、ストレスを感じることも多くあると思います。

教師としての私が、保護者（特にお母さん）とお話する時に心がけていたことがあります。それは、「親（お母さん）という役割に敬意を表すこと」です。何かトラブルがあった時など、「先生、どうもすみませんでした」とよく言われます。その時、私は「いいえ、お母さんのがんばりに比べたら、私のしていることは僅かですから。少しお手伝いをさせていただいているだけです。お母さんは本当にがんばってますよ。頭が下がります。」と、親としてのがんばりを褒め、認めるようにしてきました。学校に来ては「すみませんでした」を言わなければならないお母さんを見た時、疲れきったお母さんを見た時、「まず、このお母さんにエネルギーを与えなければ」と思ったことから始めた言葉かけでした。

親という立場は、「がんばっていて当たり前」のように感じがちで、自分自身のがんばりですら褒めてあげることを忘れてしまいます。家庭の中で、親としての役割を果たしている人に対して「いつもがんばってくれてありがとう」という言葉は、なかなか出てこないでしょう。親という役割は、本当に大変なものです。親という役割を楽しめる人ばかりではありませんし、いつ辛いものになるかも分かりません。「経験豊富でなんでも大丈夫」なんていう親はほとんどいません（ある意味、そう思っている親は、ちょっと苦手かもしれません）。みんな自信のない中で、自分と家族を信じて子育てをしています。間違うこともあるし、手を抜きたくなることもあります。だから、親どうしも、お互いのがんばりを褒め合ったり認め合ったりする言葉が溢れるといいな、と思います。

ちなみに、私は子育てする上で、親の立場として心がけていることがあります。それは、「この子は、社会を支える立派な人間になるために一時的に預かっているのであって、私のものでもないし、いつか社会にお返しするものだ」と考えるようにしていることです。そう考えていないと、すぐ過保護になってしまいます。いつか子どもたちが、社会に出る時に、私自信が満足できるための考え方です。

我が子の教育について思うこと

私の子どもたちは、明らかに甘やかされて育っており、できないことがたくさんあります。高校生になるまでスマホを持つことは完全に諦めている彼女たちですが、それを差し引いても十分に満たされていることを実感してくれるほど、いろいろなことに甘い両親です。勉強がそんなにできなくてもガミガミいうことも少なく、「これではダメだなぁ」と反省し、心配になることもしばしばです。

今、学校で行われる教育が大きく変化しています。これまでとは比べものにならないくらい急速に進化する人間社会において、彼らが大人になる時に必要とされる力が、予測できないのです。

だから、国も本腰をあげて大学や高校での教育の在り方を変えようとしています。その真剣さが明らかに分かるのは大学入試改革です。大学入試が変われば高校教育も変わらざるを得ません。

中学校でも「主体的」「対話的」「深い学び」という視点に基づく授業改善がなされていますが、多くの先生方は試行錯誤されながら、今からの子どもたちに求められるであろう力を身に付けさせるようにがんばっています。しかし、本当に求められる力は予測不能なわけですから、今の学習でいいのか、ということにもなります。

そこで、新学習指導要領でできるようになる資質・能力として「学びに向かう力・人間性等」という言葉が出てきます。これまで「関心・意欲・態度」はその子自身の姿勢を評価し、「教師が伸ばす」といった意識はあまり感じられていなかったように思います。しかし、これからはどんな社会になっても自力で乗り越えていくことができる大人を育てるために、いくつになっても学び、解決できる意思や自信をもたせていかなければならないのです。

最近、せめてこのことは家庭教育の中でもできるのではないかと思い、我が子に様々な声かけをしてみるのですが、なかなか効果的な手立てを見出すことができません。ちょっと勉強に付き合うくらいでは、できる喜びを感じさせ自信をもたせることは難しいです。ただ、「できないとダメ！」でも「できなくても大丈夫」でもなく、「がんばったらできたね。できると楽しいね」と伝えながら粘り強く接していくことが大切かな、と思っています。学校の先生もここに力を入れなければなりませんが、なかなかそこまで行き届かないかもしれません。

だから、せめて家では会話を通して「いろいろ考えるとアイデアが浮かぶな」「上手に伝えられると分かってもらえる」「どんなことでも解決できると嬉しい」と思える場面を増やしたいと思います。

あとがき

今、学校現場では教員の年齢層の２極化が進んでいます。古い時代のやり方を続けてきたベテランと、令和の感覚が当たり前の若年教員の間で、教師として大切にすべきことや良好な人間関係を築くコツ、社会人として必要な振る舞いなど、伝えたいことがうまく伝えられないという学校が増えているように思います。ベテラン教師の中には、ハラスメントを気にしながら若手に指導する難しさ、返事だけで行動が伴わないことへの不満などを感じ、少しずつ諦めの気持ちが強くなっている人もいるでしょう。逆に若年教員は、教えてもらいたくてもベテランの先生とうまくコミュニケーションが取れない、どうやって相談すればいいか分からない、うまくできる自信がもてない、と思っている人もいるのではないでしょうか。

私は、コロナ禍で様々なことが制限される中、校長として少しでも先生方の力になれないかと、自分の経験をもとに職員向けの通信を出しました。半分以上は私自身の自己満足でしたが、中には参考にしてくれる先生もいて、転勤後も受け取りに来たり、ファイリングしてくれたりする方もいました。そのような様子から、「学びたい」「成長したい」と思っている先生がたくさんいることに気づきましたし、「困っている」と相談してくれる先生を応援できるようになりたい、とも思うようになりました。そして、先生方が困ったときに相談できる、課題を一緒に解決する、そんな立場の人がいてもいいのではないかと考え、そんな仕事をつくり上げるべく、令和6年の3月をもって中学校の校長を退職しました。

多くの先生方は、「子どもたちを笑顔にしたい」「得意な教科を教えたい」と未来ある子どもたちと共に過ごす時間を楽しみにして、この職業を選択したと思います。しかし、なかなか現実は難しく、うまくいかずに辞めてしまう先生も少なくありません。せっかく「教師」という職業を目指してくれた若者が、人間関係を築くことが難しい現代で、一人前になる前に挫折してしまうのは本当に残念です。本書が、そんな先生方に少しでも元気を与え、自分なりにがんばるヒントになれば幸いです。相手の言葉に共感すること、相手が共感できる言葉で伝えること。そして、新しいことに挑戦してみること。そんなことを少し意識して子どもたちと向き合ってみませんか。先生方が次に教室に向かうとき、少しワクワクになっていることを祈っています。

２０２４年5月吉日

佐藤秀樹

佐藤秀樹（さとう・ひでき）
1967 年　福岡県生まれ
1991 年　福岡教育大学 卒業
1993 年　福岡県公立中学校 教諭
2014 年　福岡県教育センター 指導主事
2017 年　福岡県公立中学校 教頭
2020 年　福岡県公立中学校 校長
2024 年　福岡県公立中学校 退職
共感的学級経営コンサルタント
JADP 認定ビジネスコーチ ®
JADP 認定エグゼクティブコーチ ®
若手教員を対象とした、学級経営や生徒指導を支援するコンサルティング、小中高等学校での教職員の指導力向上全般についての研修、コンサルティングを得意とする。

「共感的学級経営」のすすめ

2024 年 5 月 1 日　　第 1 刷発行

著　者——— 佐藤秀樹
発　行——— 日本橋出版
〒 103-0023　東京都中央区日本橋本町 2-3-15
https://nihonbashi-pub.co.jp/
電話／ 03-6273-2638
発　売——— 星雲社（共同出版社・流通責任出版社）
〒 112-0005　東京都文京区水道 1-3-30
電話／ 03-3868-3275

ISBN 978-4-434-33684-3